MANUEL DE AZEVEDO ANTUNES

VILARINHO DA FURNA

UMA ALDEIA AFUNDADA

A Regra do Jogo, Edições

1.ª Edição patrocinada pela
Câmara Municipal de Terras de Bouro

2.ª Edição - 2014

ISBN: 978-1496188366

Colecção ESTUDOS 3
Título: *Vilarinho da Fuma - Uma Aldeia Afundada*
Capa: Alberto Lopes
© Manuel de Azevedo Antunes e A Regra do Jogo, Edições, Lda.
A Regra do Jogo, Edições, Lda.
Rua Luz Soriano, 19, s/l Esq. - 1200 Lisboa - Telef. 360113
Número de edíção 13/85
Impressão: Graf. in - Dep. Gráfico A. N. ACM
Rua Saraiva de Carvalho, 97- 1200 LISBOA
Depósito legal: 9189/85

Ao
POVO
de
VILARINHO DA FURNA

Apresentação

Este livro é antes de mais uma evocação. Evocação de algo que já não existe mas que merece ser recordado: Vilarinho da Furna, *a aldeia comunitária desaparecida sob as águas de uma albufeira.*

Mesmo sem ser um caso único, Vilarinho da Furna *é um caso invulgar. Por isso lhe consagramos estas páginas que dedicamos ao povo que aí viveu. Páginas escritas sobre uma reflexão amadurecida a partir da vivência de vários anos nessa povoação e das múltiplas pesquisas efectuadas. Com as vantagens e inconvenientes de eu mesmo ser um dos seus antigos habitantes. Mesmo assim, com a obrigação de manter o suficiente distanciamento que a busca de objectividade requer, e que procurei não sacrificar, tanto na descrição dos acontecimentos como na interpretação dos factos que aqui refiro para recordação dos presentes e memória dos vindouros. Com a dedicação que nos merece a cultura e o POVO DE VILARINHO DA FURNA.*

O AUTOR

TOPOGRAFIA E LOCALIZAÇÃO

MAPA Nº 1

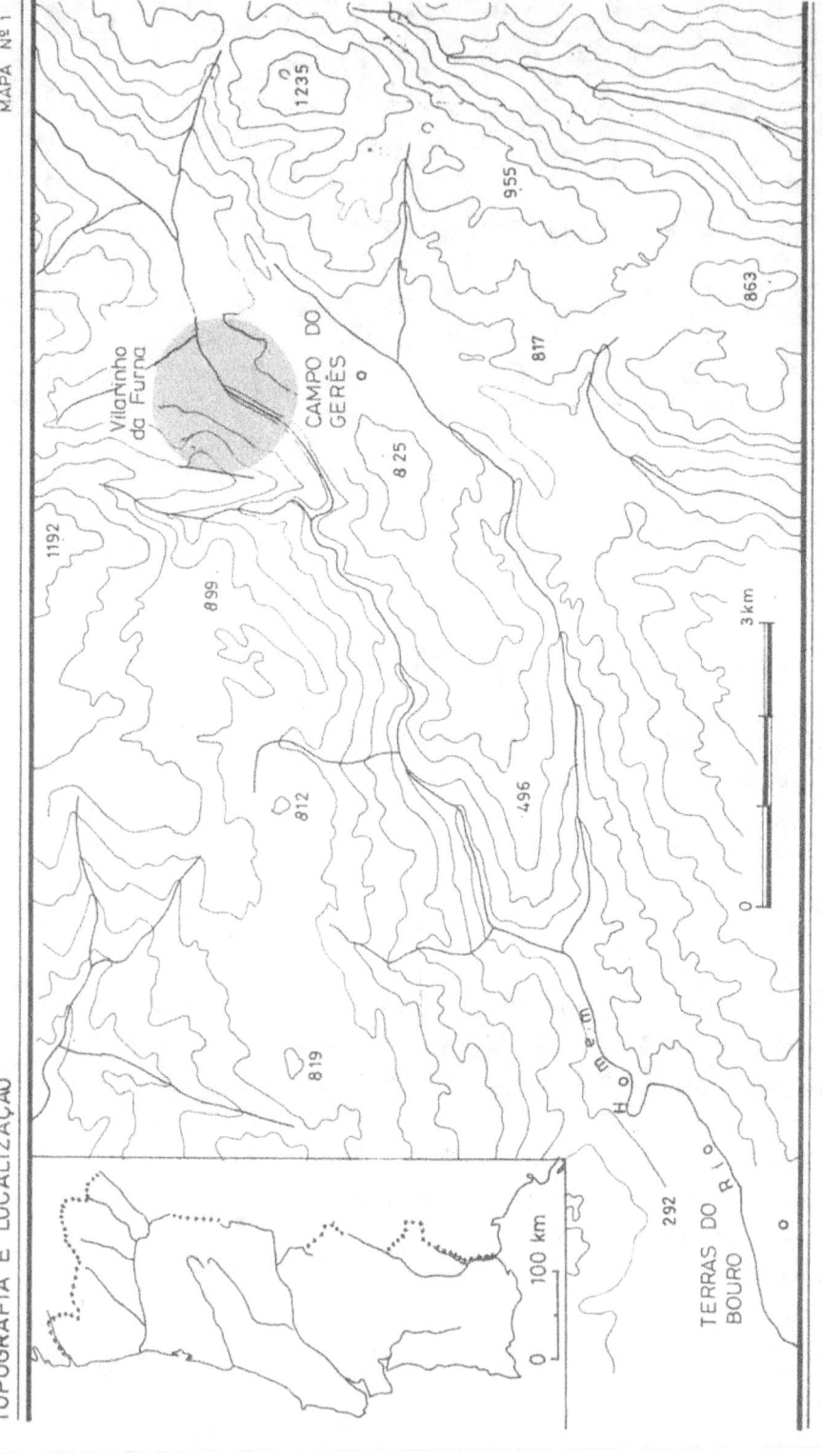

1235

955

863

817

Vilarinho
da Furna

CAMPO DO
GERÊS

8 25

1192

899

812

819

496

292

TERRAS DO
BOURO

3 km

100 km

Fonte: Gladys Novaes – Vilarinho das Furnas – De Aldeia a Albufeira. Universidade Técnica de Lisboa, 1973   (tese não publicada)

1. VILARINHO DA FURNA — QUADRO HISTÓRICO-NATURAL

Vilarinho da Furna era uma pequena aldeia da freguesia de S. João do Campo, situada no extremo nordeste do concelho de Terras de Bouro, distrito de Braga.

A sua origem perde-se na bruma dos tempos. Segundo uma tradição oral, que eu mesmo ouvi da boca de algumas pessoas mais idosas, teria começado a sua existência por ocasião da abertura da célebre estrada da Geira, que de Braga se dirigia a Astorga num percurso de 240 km, e daqui a Roma. Estaríamos, segundo a opinião mais provável, pelo ano de 75 d.C. Um grupo de sete trabalhadores, assim reza a tradição, resolveu fixar-se junto da actual Portela do Campo. Passado pouco tempo, por motivos de desentendimento, quatro desses homens deixaram os seus colegas e foram instalar-se a poucos metros da margem direita do rio Homem, dando, assim, início à povoação de Vilarinho da Furna.

História ou lenda esta simplista tradição?

Confesso a minha ignorância e não creio ser fácil iluminar com a luz da verdade origem tão remota. O próprio Jorge Dias, de saudosa memória, um dos nossos maiores etnólogos, cuja tese de doutoramento em Munique foi posteriormente publicada com o título «*VILARINHO DA FURNA —* *— UMA ALDEIA COMUNITÁRIA*»[1], lamenta-se de pouco ou nada se saber sobre as origens e antiguidade de Vilarinho da Furna. Mas é possível que alguns dos traços da maneira de viver do povo de Vilarinho se filiassem «na cultura dos povos pastores e ganadeiros indo-europeus»[2] possivelmente cá introduzidas por migrações pré-romanas e reforçadas pelas invasões suevas.

Nem mesmo o topónimo «Vilarinho», diminutivo de *Vilar* (lat. *villaris*-lugarejo) permite tirar uma conclusão segura, dada a sua extrema frequên-

---

1 Jorge Dias, *Vilarinho da Furna — Uma Aldeia Comunitária*, Instituto para a Alta Cultura, Centro de Estudos de Etnologia Peninsular, Porto, 1948.
2 Cf. Orlando Ribeiro, in *Prefácio* à referida obra de Jorge Dias, p. XI-XII.

Panorâmica da aldeia

cia no Norte do País, graças à divulgação operada na época visigótica de *villare* e seus derivados.

É possível que um estudo sobre locais como Albergaria, Calcedónia, «casarotas» da serra Amarela, etc., que atestam o povoamento remoto da região, venha esclarecer um pouco o intricado problema das origens, caso esses restos arqueológicos tenham alguma relação com Vilarinho. Mas esse estudo está ainda por fazer na sua quase totalidade.

Em suma, tudo o que hoje se pode dizer sobre o nascimento de Vilarinho da Furna se resume num levantar de hipóteses, num formular de perguntas que pairam no ar em busca de uma solução que ainda não se divisa. Todavia, no meio de toda esta incerteza, um facto se apresenta incontestável: se não a sua origem romana, pelo menos a sua romanização.

Aqui, como em muitas outras partes do Império, os Romanos chegaram, viveram, passaram e deixaram rasto. Atestam-no as duas vias calcetadas que davam acesso à povoação pelo lado sul e, sobretudo, as três pontes de sólida arquitectura: a Ponte do Eido, como lhe chamavam por unir as duas partes do lugar («eido»), separadas pelo Ribeiro de Furnas, formada por três arcos de diferentes dimensões; a Ponte do Couço, de todas a mais esbelta na simplicidade do traçado do seu arco, ligeiramente ogival, lançado sobre um profundo poço do rio Homem, no caminho que de Vilarinho subia até ao Campo; e, finalmente, um pouco mais a nascente do rio, a Ponte Nova, talvez a mais recente de todas, constituída por dois arcos muito desiguais.

Outras pontes deixaram os Romanos em terrenos relacionados com o lugar de Vilarinho, que hoje pertencem aos Serviços Florestais. São elas, a Ponte Feia, a Ponte do Arco, Ponte de Albergaria, S. Miguel e Monção, sobre algumas das quais passava a estrada da Geira. Mas destas já quase não existe memória por haverem sido mandadas demolir por D. Gastão Coutinho, general do Minho, a requerimento do povo, para evitar as surpresas dos Galegos, durante a guerra da Restauração.

Mas até ao século XVII não se conhece referência escrita relativa a Vilarinho da Furna. Esta é-nos dada pela primeira vez em 1623, no *Livro Misto n.º 1 dos Baptismos, Casamentos e Óbitos,* da freguesia de S. João do Campo, a que pertencia Vilarinho, existente na Biblioteca Nacional de Braga.

Este, em síntese, o passado de Vilarinho. Passado obscuro, quase sem história! Não fosse a sua riqueza etnográfica e a construção da barragem que pôs termo à sua existência e Vilarinho da Furna seria hoje uma aldeia esquecida, anónima como o seu passado, qual pérola perdida na vastidão das serras do Minho. Tal não aconteceu, porém, porque enquanto os olhos dos etnólogos, atentos em perscrutar a alma do povo através da complexidade dos seus costumes, descobriram em Vilarinho uma relíquia da velha organização comunitária, hoje agonizante, mas outrora muito difundida na Europa, o interesse dos tecnocratas encontrou aí um dos poucos locais apropriados para a construção de uma barragem que permitisse a produção de uns tantos Kvs de energia.

Mesmo sem ser um caso único, o comunitarismo de Vilarinho era, pelo menos, um caso invulgar. Fruto, em grande parte, do condicionalismo imposto pela serra áspera e vasta a um povo sedentário e agrícola, possivelmente havia pouco saído do nomadismo pastoril, esse sistema comunitário conseguiu sobreviver até aos nossos dias devido à sua organização interna e ao isolamento a que Vilarinho ficou votada durante longos séculos.

Engastada entre montanhas, sem outros horizontes que não fossem os pincaros da serra erguidos para o céu azul, Vilarinho era, no dizer de alguém «uma ilha da Ribeira no oceano revolto das agrestes montanhas graníticas»[3].

Localizada entre as serras da Amarela e do Gerês, numa vasta bacia serpenteada pelas águas do rio Homem e do Ribeiro de Furnas, Vilarinho da Furna possuía vastos territórios que se estendiam pela serra Amarela até à fronteira da Galiza e pequenas faixas de terrenos e pastagens confinantes com a floresta do Estado nas encostas do Gerês.

A situação da aldeia, nas margens do Ribeiro de Furnas, perto da confluência deste com o rio Homem, e a distribuição dos terrenos de culturas ao longo dos valres, tornou possível uma policultura de tipo minhoto aliada à pastorícia desenvolvida na serra em moldes comunitários. De facto, dos vastos territórios da povoação, só as terras de aluvião junto aos rios eram cultiváveis; as outras estavam reservadas para pasto de cabras, ovelhas e bovinos, pois não ofereciam condições para o desenvolvimento de qualquer cultura. E, embora já se encontrasse a uma altitude de 500 m, Vilarinho da Furna gozava de um microclima privilegiado, graças a condições excepcionais de exposição que faziam com que os seus terrenos apresentassem boa aptidão para as culturas tradicionais do Minho Central, de cota bastante inferior à sua. Assim, o milho, a forragem, o centeio, a batata, a horta, a fruta, e a vinha de enforcado ocupavam grande parte da superfície agrícola útil ao longo das várzeas, de natureza aluvial, que deu origem a solos agrícolas leves, arenosos e bem drenados, e dos pequenos aproveitamentos de solos naturais nas encostas, em terraços de reduzidas dimensões, onde era possível fazer chegar a água de rega. E, a circundar toda essa superfície, até onde o solo agrícola se estendia, havia os terrenos erodidos, rochosos, praticamente improdutivos, onde cresciam o tojo e a urze e alguns povoamentos vegetais de carvalhos e pinheiros.

Tal era, a traços gerais, o quadro natural em que Vilarinho nasceu, viveu e... morreu!

Como a maior parte das aldeias serranas do Norte de Portugal, Vilarinho da Furna era constituída por um aglomerado de casas graníticas, alinhadas umas, formando ruelas sinuosas outras, que lhe davam a característica de um povoamento concentrado. No conjunto da povoação, constituída por umas 60 casas de habitação, além da escola, templos, espigueiros, palheiros, currais e moinhos, ainda era possível identificar o primitivo núcleo da aldeia, atravessado pela rua principal, que ficava na continuação do caminho que vinha da aldeia vizinha de S. João do Campo, rumo às povoações raianas da Galiza.

---

3 Orlándo Ribeiro, in *op. cit.,* p. XII.

O aumento populacional terá provocado a ampliação da aldeia, em torno desse núcleo, conforme as necessidades, sem preocupação de conjunto, e onde sobressaíam pequenos largos, em que os vizinhos se costumavam reunir para a «Junta», e as típicas varandas de madeira lançadas sobre as ruas turtuosas, calcetadas de lajes milenárias.

As casas de habitação compunham-se geralmente de dois pisos sobrepostos e independentes: — uma loja térrea, destinada aos gados e guarda de alfaias e produtos agrícolas; e um primeiro andar para habitação propriamente dita, onde ficavam a cozinha e os quartos. A entrada para este piso fazia-se por uma escada exterior de pedra com patamar em frente da porta principal. As paredes, formadas de blocos graníticos mais ou menos regulares, tinham poucas aberturas tapadas com portadas de madeira, muitas vezes sem vidraças. A cobertura, feita de telha vã, era enegrecida pelo fumo que se escapava pelas aberturas do telhado, geralmente sem chaminé.

Os interiores rústicos não apresentavam qualquer preocupação decorativa. A cozinha era a maior e mais ampla dependência da casa. Além da lareira, onde se fazia o fogo para cozer os alimentos em grandes potes e panelas de ferro fundido, aí encontramos a masseira, o forno do pão, os armários para as louças, os bancos e a mesa de madeira, dispostos de forma a facilitar o melhor aproveitamento do espaço.

Ponte do Couço

Era na cozinha que a família se reunia para comer, conversar e rezar. Também aí se recebiam as visitas de familiares ou amigos que nas longas noites de Inverno se juntavam para passar o serão, em alegre cavaqueira, regada com o saboroso vinho morangueiro. Era ainda na cozinha que nos dias de chuva os homens compunham os utensílios de lavoura, enquanto as mulheres fiavam ou cosiam.

Os outros compartimentos, de grandes ou mais reduzidas dimensões, eram separados por divisórias de pedra ou madeira e iluminados pela luz natural que entrava por pequenas janelas rasgadas nas paredes ou por algumas telhas de vidro colocadas nos telhados de duas águas inclinadas sobre as paredes laterais.

O mobiliário era simples e modesto. Alguns objectos como louças, candeias, talheres, lanternas, etc., eram comprados nas feiras ou a vendedores ambulantes que passavam pela povoação mais ou menos regularmente. Outros eram de fabrico caseiro como as arcas, camas de madeira, raramente ornamentadas com motivos religiosos, as mesas e os bancos, além da quase totalidade dos artigos de vestuário.

A iluminação nocturna era feita com uma variedade de candeias e candeeiros de recipiente fechado, que funcionavam a petróleo, com gordura animal ou azeite, quando aquele escasseava por alturas da guerra. As formas dessas candeias eram muito variadas, de acordo até com os locais de procedência: compradas nas romarias umas, nas feiras outras, a vendedores ambulantes outras... Escusado será dizer que esta rudimentar iluminação nocturna, com as ruas às escuras, dava à povoação um aspecto sombrio, macabro mesmo, para quem a conhecesse e aí arribasse altas horas da noite escura como breu ou tenuemente iluminada pela luz melíflua da Lua namoradeira.

NÚCLEO HABITACIONAL DA ALDEIA

MAPA Nº 2

100 m

0

570m

Ribeiro do Eido

E

Fonte: Gladys Novaes – ibid.

2. ECONOMIA E ESPAÇO

2.1. A pastorícia

Todo este condicionamento ecológico da aldeia criara a Vilarinho uma actividade económica *sui generis* de interdependência entre os vastos maninhos serranos e a superfície agricultada. Dessa inter-relação surgira uma abundante pecuária de gado caprino, lanígero e bovino[4] que, além de constituir uma notável fonte de recursos económicos para a população, possibilitava abundantes fertilizações orgânicas para os 90 ha de superfície agrícola aproveitada. De facto, com um encabeçamento da ordem das 18 cabeças de gado por ha de superfície agrícola útil, atinge-se o valor mais alto conhecido em todo o Minho. E, graças a este possibilidade de estrumação, a fraca possibilidade natural dos terrenos transforma-se numa grande fertilidade adquirida.

A vasta extensão dos baldios corresponde a uma grande variedade de pastagens que determinam diferentes formas de pastoreio, conforme os tipos de gados e as diferentes épocas do ano. Os rebanhos apastoreados são designados por «vezeiras», pois os seus pastores vão «à vez» rotativamente com eles.

Os bois e as vacas formavam dois rebanhos distintos: a vezeira dos bois e a vezeira das vacas. Umas e outros viviam na serra desde o fim de Maio até princípios de Outubro, altura em que voltavam ao povoado. Era aos currais da serra que os pastores se deslocavam todos os dias, rotativamente, para cuidar dessas vezeiras, pernoitando em cabanas improvisadas, cobertas de telha ou torrões.

---

4 Em 1968 havia em Vilarinho 1100 cabeças de gado caprino, 230 ovelhas, e 300 bovinos, sem contar a criação nascida nesse ano.

As cabras e carneiros formavam também dois rebanhos: a vezeira da rês e a vezeira dos carneiros, mas estes saíam para o monte e voltavam todos os dias às respectivas cortes, no povoado[5].

As vacas com crias que não podiam ir para a serra ficavam a pastar nos arredores da povoação, formando a «vezeira do eido».

A vezeira das vacas era a de maior responsabilidade, pois nela residia a grande riqueza deste povo agro-pastoril. Estas vacas andavam acompanhadas pelo touro de cobrição, pertença de todos os vizinhos que nele tinham todo o seu orgulho, primando em que ele fosse o melhor das redondezas para dar novas gerações fortes e robustas.

As pastagens das vacas eram separadas das dos bois por extensíssimas paredes de pedra desde há muito construídas pelos serranos para impedir a mistura dos animais, pois, apesar de castrados, os bois continuavam a ter o cio e não deixavam as vacas em paz, além de provocar a fúria do touro de cobrição.

Estas vezeiras duravam de Maio ao Dia de Todos-os-Santos. Mas antes iam os vizinhos indicados reparar (guiar ou retelhar) as cabanas, em ambiente solene e festivo. Estávamos no início da grande época dos pastos, base da economia deste povo.

Uma vez entregues as vacas aos pastores, se alguma viesse a faltar, o pastor devia prevenir o dono e ir procurá-la com ele pela serra, não lhe cabendo qualquer responsabilidade se tivesse vigiado sempre o rebanho. De outro modo, se os lobos matassem o animal, ou este morresse nalgum buraco, ou fosse roubado, era obrigado a pagá-lo ao dono.

Na vezeira das vacas havia um ou dois pastores conforme a perigosidade do curral onde pernoitavam. Esses pastores deviam ter uma determinada idade, embora ultimamente não se fosse muito rigoroso nesse pormenor.

O dia da ida dos gados para a serra era uma data solene e festiva. Iam os donos dos animais e os primeiros pastores com as mulheres da Junta encarregadas de levar os utensílios necessários para a vida na montanha: um pote de ferro para a cozinha, tigelas, colheres, garfos, um cântaro de água, uma enchada e cordas para «desenfragar» algum animal caído entre os rochedos, e que estavam em casa, à guarda do último pastor do ano transacto.

Durante o dia ficavam sempre um ou dois pastores que preparavam a ceia para os que chegavam à noite. Quando estes chegavam, comiam da ceia oferecida pelos que lá estavam e traziam consigo o necessário para as refeições do dia seguinte. Em geral, os mantimentos eram pouco variados: batatas, vagens ou feijões e broa com um pouco de toucinho ou bacalhau demolhado.

Logo que chegavam os novos pastores recebiam o gado dos que partiam no dia seguinte, desde que tudo estivesse em ordem. A partir daí eram os responsáveis pelos animais até à noite do dia seguinte.

---

5 Segundo refere Jorge Dias, in op. cit., p. 78, «o rebanho da rês era de 1500 cabeças em 1941. Porém em 1945 já havia subido para 2344 das quais 1702 eram cabras e 642 reixelos. Este aumento súbito deve resultar da subida do preço da carne, ocasionado pela guerra, que veio despertar a ganância do serrano».

Vezeira da Rés

Bovinos na rua principal

Cabana para os pastores pernoitarem

Os gados pastavam numa área bastante vasta em torno do curral formado de uma chã de terra boa, humosa e fresca. Muitos deles eram de rara beleza, cobertos de árvores frondosas, que espraiavam as suas sombras pelos relvados onde os animais se estendiam a descansar nas horas de maior calor.

Todas as semanas, geralmente aos sábados, os pastores de serviço eram obrigados a *estradar* as cabanas, isto é, a fazer nova cama com fetos frescos. Apesar de cada pastor levar uma manta para se aquecer durante a noite, muitas vezes tinham de fazer fogo, pois nos pontos altos da serra havia noites extremamente frias.

A vezeira dos bois, geralmente castrados, era igual à das vacas, quer pela organização, quer pelas regiões de pastoreio.

De salientar como, graças ao processo rotativo da guarda das vezeiras, o habitante de Vilarinho da Furna conseguiu evitar as ausências de casa a que são obrigados outros povos ou, pelo menos, parte dos seus habitantes, pois o furnense só ia passar umas 36 horas à serra, de tempos a tempos, quando a vez lhe batia à porta.

Ao contrário das vezeiras referidas, a vezeira da rês e dos carneiros era anual, mas ia e vinha todos os dias. De manhã cedo, antes do «sol chegar ao lugar», os pastores a quem cabia vigiar os rebanhos naquele dia subiam a um ponto mais elevado e gritavam: — *Botai-la rês; botai-la rês;* ou tocavam uma buzina ou chifre de boi, segundo um sinal convencional.

Ao ouvir esse sinal, os donos abriam as cortes às cabras e carneiros, que formavam vezeiras distintas, e as respectivas vezeiras iam-se formando ao longo das ruas da povoação, com grandes alaridos misturados com os barulhos dos chocalhos.

A vezeira das cabras era muito fatigante pela extensão da serra àspera e alcantilada que ela sempre queria percorrer e, por isso, levava três pastores: dois com mais de 20 anos e um com mais de 15. Nos tempos mais recentes os limites de idade baixaram substancialmente.

À noite, cabras, carneiros e reixelos, ao som de chocalhos e balidos, lá iam à procura das suas cortes, onde os respectivos donos os esperavam.

Os habitantes de Vilarinho não aproveitavam o leite como fonte de receita. Preferiam alimentar bem as crias, que depois vendiam mais facilmente. Por isso, só utilizavam as sobras da amamentação dos animais, consumindo-o mesmo cru, fervido, ou fazendo papas com farinha e sal, chamadas papas de leite. A manteiga era pouco utilizada, mas havia quem a preparasse de tempos a tempos.

2.2. A agricultura

Mas nem só da pastorícia vivia o homem de Vilarinho. Era mesmo o equilíbrio entre a pastorícia e a agricultura que caracterizava esta economia rudimentar de uma quase auto-suficiência.

A agricultura praticada nas terras aluviais dos estreitos vales do Homem e da Ribeira de Furnas era notável pela variedade de culturas aí praticadas e que forneciam aos furnenses todos os géneros alimentares necessários ao consumo.

O milho era o cereal mais desenvolvido e, por isso, o principal alimento da população de Vilarinho. Havia duas espécies de cultura de milho: o *milho temporão*, semeado na primeira quinzena de Maio para ser cortado em princípios de Setembro; e o *serôdio,* semeado no mês de Julho, após a ceifa do centeio, quase só servindo de forragem para o gado.

As sementeiras de milho, feitas por homens e mulheres, eram executadas com charruas de ferro puxadas por juntas de bois que abriam as regueiras da terra estrumada com estrume das cortes ou currais, cortido pelos animais.

Picadas as seitas e *agradada* a terra com instrumentos apropriados, só restava aguardar que o milho nascesse e crescesse para se mondar, regar e cortar quando as espigas já estivessem maduras. Estas, depois de esfolhadas em alegres noitadas de fins de Setembro, onde não faltavam as pessoas mascaradas a dar uma nota de boa disposição, iam para as espigueiras, onde ficavam por algum tempo a secar e, finalmente, para os *canastros,* de madeira ou de pedra, de onde só saíam para ser malhadas no *ladrilho* e daqui irem até ao moinho em foles feitos de pele de carneiro, para serem transformadas em farinha com que se fazia a saborosa broa caseira.

A cultura do centeio, além de não exigir tantos cuidados como a do milho, também não tinha a importância desta na alimentação dos furnenses,

Campos de cultivo e baldios à volta da povoação

pois poucas eram as terras que se prestavam à sua cultura feita em veigas relativamente secas, durante o mês de Outubro, ficando na terra durante todo o Inverno até estar pronto para a sega no mês de Junho. As próprias segadas, feitas à foicinha como as do milho, estavam sujeitas à organização comunitária. Era o juiz que marcava o dia da segada para evitar que as segadas de uns causassem prejuízos nos campos dos que ainda tinham centeio para ceifar, pois os terrenos estavam de tal forma interligados que era difícil chegar-se a um campo sem ter que passar pelos de outros vizinhos. Terminada a ceifa, o centeio era colocado em *medeiros* até ser levado para a eira e secar para a malhada feita ao *fueiro* ou ao *malho*.

A *malhada ao fueiro*, embora de uso mais recente em Vilarinho, era, no entanto, um processo mais prático e rudimentar: batia-se com o centeio numa pedra e, depois, com um fueiro em cima de um banco até saírem todos os grãos. A *malhada ao malho* já exigia um grupo de homens que batiam com pesados malhos o centeio estendido sobre a eira lajeada.

Além destes produtos básicos, outros se produziam em Vilarinho como o feijão, batata, vinho, linho, fruta, produtos hortícolas, mel, enfim, toda uma gama de produtos que faziam de Vilarinho uma aldeia auto-suficiente adentro dos limitados quadros da sua pobreza.

A caminho do trabalho

2.3. A alimentação

A vida do furnense era uma luta constante contra a terra para lhe extrair o alimento que havia de suportar gerações. Parco era o seu banquete, modesto e sóbrio o requinte da sua mesa que nem por isso deixava de ser farta.

Os dias festivos vinham quebrar a monotonia alimentar com a carne de cabra, cabrito ou borrego e as filhós ou rabanadas que todas as mulheres deviam aprender a fazer.

O furnense tinha geralmente três refeições por dia. A primeira era o *jantar,* logo de manhã cedo, antes de iniciar o trabalho. Constava de uma malga de caldo ou leite fervido, um bocado de broa com batatas ou uma água de azeite com pão de milho.

A meio do dia era a *merenda* e à noite a *ceia* com batatas e legumes cozidos com um pouco de carne de porco e um caldo de couves. O vinho (ou a água-pé durante o Inverno) era um inseparável amigo na maioria das mesas. Outras variantes eram os chouriços com arroz, os salpicões, farinheiras e presunto defumados ao fumeiro, caça, bacalhau, sardinhas, ou peixe do rio. Mas, tirando a caça e a carne de porco, os habitantes de Vilarinho comiam pouca carne, pois o restante gado era quase todo destinado à venda, uma das poucas receitas que possuíam, além das madeiras que vendiam, pois a agricultura quase só dava para os gastos.

2.4. Vestuário

Os habitantes de Vilarinho, apesar da expansão da indústria têxtil que ali também fazia chegar os seus produtos, ainda se mantinham agarrados ao seu artesanato tradicional.

O linho e a lã eram a principal matéria-prima utilizada para a confecção do seu vestuário.

A palha era também utilizada no fabrico de chapéus, coroças, cruchos ou crucelos. Tal como toda a vida de Vilarinho também as suas roupagens eram sóbrias e pouco garridas. A vida da serra obrigava as pessoas à solidão, desenvolvendo nelas um sentido austero da vida que as tornava pouco permeáveis a quaisquer tipos de exuberâncias. Por isso, o seu vestuário era sóbrio e prático para resistir à chuva, ao frio e à neve. As cores dominantes iam do castanho e cinzento-escuro até ao preto. As mulheres viúvas, como a maior parte das casadas, andavam quase sempre de preto, sobressaindo apenas no conjunto os *aventais da frente,* de lã escura, com riscas roxas, verdes ou azuis.

Os homens com as roupas de cotim, e antigamente de burel, com os aventais das costas quase pretos, não diferiam do ambiente geral da aldeia.

O abrigo e agasalho mais frequente contra a chuva era a coroça feita de um junco, com um chapéu de palha revestido de pano oleado para evitar que a água se infiltrasse pelo pescoço.

Construção de uma represa

Malhada do centeio

O calçado mais usual eram os socos fechados e os socos abertos, sendo as alpercatas e as botas, geralmente trazidas de Espanha, reservadas quase só para o domingo e dias de festa.

Por aqui se vê como quase todo o vestuário que os furnenses usavam era produzido e fabricado em Vilarinho. Até as mantas das camas aí eram tecidas, indo fora apenas para tingir a lã de que eram feitas. No vestuário como em quase tudo, o habitante de Vilarinho bastava-se a si próprio, numa simbiose perfeita com a natureza em que nascera, vivera e estaria condenado a morrer...

2.5. Em busca de novas soluções

A estrutura agro-pastoril, em que o povo de Vilarinho vivia, vinha-se tornando cada vez mais insuficiente para satisfazer as necessidades crescentes de uma população que durante séculos vivera em quase completa auto--suficiência, graças a um regime comunitário de organização do trabalho. De facto, a crescente pressão demográfica levara a uma excessiva divisão da propriedade minifundiária, acompanhada de um encarecimento dos prédios, que ocasionara uma supervalorização incomportável para a rentabilidade da terra ou do trabalho. E os estímulos que os actuais meios de comunicação também a Vilarinho faziam chegar suscitavam o aparecimento de necessidades novas que o rendimento das culturas nem sempre permitia satisfazer. Daí que muitas famílias buscassem um complemento económico noutras actividades, pelo trabalho de alguns dos seus membros nos Serviços Florestais, na Guarda Fiscal ou Republicana, ou até no estrangeiro para onde se incentivara a emigração, principalmente a partir da década de 50. Para além de uma melhoria das condições económicas, todas essas soluções se apresentavam aos olhos da população como factores de prestígio e promoção social. E assim é que das 226 pessoas que em 1970 ainda viviam em Vilarinho, havia 16 emigrantes, que lá regressavam com relativa frequência, e quatro estudantes ausentes da povoação durante o ano lectivo; as outras 206 pessoas ou viviam totalmente dos rendimentos próprios extraídos da agricultura e pastorícia ou mediante o recurso a actividades complementares, trabalhando à tarefa por conta de outrem na própria aldeia, nos Serviços Florestais ou, nos últimos anos, como operários da Companhia Portuguesa de Electricidade, além de quatro pessoas empregadas na Guarda Fiscal em postos vizinhos da povoação. A acrescentar a essa população havia ainda as pessoas naturais de Vilarinho, daí saídas em passado recente:

- 17 emigrantes definitivos,
- 3 guardas fiscais,
- 1 guarda republicano,
- 2 guardas-florestais,

e que, na generalidade dos casos, constituíram família noutras paragens.

De acordo com um outro recenseamento, elaborado em 1965, havia em Vilarinho por essa altura:

- Número total de habitantes — 218 — 100%
- Número total de habitantes do sexo masculino — 97 — 44,49%
- Número total de habitantes do sexo feminino — 121 — 55,51%
- Número total de habitantes com menos de 21 anos — 84 — 38,53%
- Número total de habitantes com idades de 21 a 50 anos — 57 — 26,14%
- Número total de habitantes com mais de 50 anos — 77 — 35,33%
- Número total de chefes de família — 64 — 100%
- Número total de chefes de família presentes — 47 — 73,43%
- Número total de chefes de famílias ausentes — 17 — 26,57%

Ceia em família

3. ORGANIZAÇÃO E VIDA SOCIAL

A situação geográfica da povoação condicionou necessariamente o carácter e os moldes de vida comunitária da gente de Vilarinho, sem dúvida o aspecto mais interessante da vida deste povo, devido à sua organização antiquíssima.

«Povo delicado, franco, cheio de benevolência, afabilidade e atenção», como no século XVIII o descreveu o alemão Link[6], aliava a esses predicados uma concepção mística e severa da vida que se reflectia na própria organização comunitária, surgida, também ela, das exigências da agricultura e da pastorícia que a serra proporcionava, assemelhando-se a uma democracia representativa já sem aquele carácter divino transcendente que ainda há bem poucas décadas conservava.

À frente da comunidade, independentemente das autoridades civis e administrativas oficiais, estava um juiz ou zelador, obrigatoriamente escolhido para um reinado de seis escassos meses, entre os homens casados da «Junta», segundo a lista dos seus casamentos. A ele competia convocar a Junta — entidade colectiva formada por todos os chefes de família ou seus representantes (caso das mulheres, quando os maridos se encontravam fora, principalmente como emigrantes) — que normalmente se reunia às quintas-feiras, embora o pudesse fazer noutros dias, sobretudo de noite, se assim o exigissem as circunstâncias. A Junta era a mais perfeita expressão do antigo *conventus publicus vicinorum* do reino visigótico.

Décadas atrás, segundo reza a tradição, o juiz era investido com a entrega da *vara das cinco chagas,* costume ultimamente desaparecido, quando tomava posse das suas funções. E, terminado o seu mandato, o juiz jurava sobre os Santos Evangelhos depois de dar conta da sua administração ao que entrava para o seu lugar.

---

6 M. Link, *Voyage en Portugal depuis 1797 jusqu'en 1799 (traduit de l'Allemand),* Tomo II, Paris, 1803, pp. 29-31, cit. por Jorge Dias, in *op. cit.,* pp. 9-10.

Nos últimos tempos, todo este ambiente de sagrado que envolvia a tomada de posse do juiz diluiu-se completamente como, aliás, toda a pureza dos costumes ancestrais de Vilarinho da Furna havia sido totalmente abalada na sua pureza primitiva, mercê do crescente contacto com outras etnias que os actuais meios de comunicação levam aos mais recônditos paradeiros.

O exercício das funções do juiz começava pela convocação da Junta. Era à Junta que cumpria discutir os problemas sob proposta do juiz ou sugestão de um dos vizinhos e optar pela solução a tomar por maioria relativa de votos. Em caso de empate, cabia ao juiz tomar decisão, pronunciando-se por uma das partes.

Cada reunião da Junta obedecia a um esquema fixo que contava com o peso de uma tradição multissecular. Tudo começava com um toque convencional de buzina ou chifre de boi, por meio do qual o juiz convocava o povo, anunciando se a Junta se realizaria momentos depois ou se ficaria para o dia seguinte. Ao terceiro e último toque já quase todos os representantes de cada família se encontravam reunidos na Carreira ou Chão do Forno, os dois largos principais da povoação. Minutos após a chegada do juiz, com a Caixa da Junta debaixo do braço, fazia-se a chamada. Um secretário improvisado anotava as presenças e ausências. Aquele que, sem justificação, não estivesse presente à 2.ª chamada era «condenado» ou multado em $50. Caso a ausência se prolongasse por todo o dia, a multa ou «condena», além de ser maior, implicava geralmente um «dia de dívida», isto é, um dia de trabalho que o multado ficava a dever à povoação, estando obrigado a compensá-lo com qualquer serviço em proveito da comunidade, a ser posteriormente indicado pelo «zelador», quando uma necessidade surgisse.

Feita a chamada, o juiz passava à aplicação das «condenas» (multas) àqueles que transgrediram o código a partir da última Junta e de que ele teve conhecimento. Escusado será dizer que a estas «condenas» nem o próprio juiz se podia furtar: *dura Lex sed Lex*. No entanto, era sempre garantido a qualquer um o direito de defesa e de acusação pública.

Vinha depois a apresentação dos problemas. Todos, um de cada vez, sem excepção, iam ser animada e calorosamente discutidos, chegando-se sempre a uma conclusão prática e concreta de acordo com a vontade expressa da maioria. Quando fosse preciso estabelecer novas «condenas» era aos *Seis* (espécie de câmara legislativa auxiliar do juiz formada por seis membros e com ele escolhidos por um período de seis meses) que cumpria *julgá-las,* isto é, determinar a quantia e as condições das mesmas.

As multas mais graves poderiam ir até à «expulsão de vizinho», verdadeira condenação ao ostracismo, em casos de manifesta rebeldia no acatamento das normas da terra. Nestes casos, o insurrecto era totalmente excluído da assistência da comunidade nos trabalhos agrícolas; os seus gados não podiam pastar com os dos outros vizinhos; por morte de um parente nenhum vizinho lhe ia a casa nem lhe prestava os mais insignificantes recursos, sob pena de ser condenado em pesada multa e ele mesmo ser posto na condição de «fora de vizinho». Nestas condições seria absolutamente impossível ao atingido viver na povoação e ver-se-ia obrigado a abandonar o lugar ou a pagar o que devia.

30

Reunião da Junta

O juiz faz a chamada

Esta prática que já levantou, nos últimos tempos, profundas preocupações pseudofilantrópico-cristãs em pessoas que viam na «condena» e no *botar fora de vizinho* um motivo para pôr em causa o humanitarismo e o cristianismo deste povo, nada tem de excepcional comparada com o que se passa em toda e qualquer comunidade sacral, profana, evoluída ou «primitiva». Mesmo em relação ao cristianismo, recorde-se que a excomunhão (acto de expulsar da comunidade) que, em linguagem de Vilarinho, se pode traduzir por *botar fora de vizinho*, prática comum a quase se não a todas as sociedades, foi aconselhada pelo mesmo Cristo (cf. Mat. 18,17), aplicada pelo apóstolo Paulo (cf. 1 Cor. 5, 4-5) e vivida pela Igreja que ainda hoje lhe consagra longas páginas no seu Código de Direito Canónico.

O que não consta que tenha acontecido em Vilarinho é que pelo facto de alguém desobedecer à lei da terra tenha sido lançado à fogueira, coisa perfeitamente normal nos tempos da diabólica Inquisição, embora houvesse quem fosse ameaçado de ser lançado ao rio.

Um caso típico ilustra esta situação. Nos princípios deste século arribou a Vilarinho, vindo de outra aldeia, um homem que não queria submeter-se à administração local. Perante tal insubordinação, os vizinhos tomaram medidas especiais e resolveram ir buscá-lo a casa para o deitar da ponte abaixo, a um profundo poço do rio Homem. Tal foi o medo que o homem teve que jurou aceitar todas as condições e foi dos que melhor se integrou na ordem da comunidade.

É evidente que este regime comunitário, no seu processo evolutivo, hoje mais acelerado que no passado, se viria a transformar. Isso era um fenómeno facilmente previsível. Eu mesmo já tive oportunidade de o afirmar em diversos outros escritos anteriores. Mas, entre as causas do desmantelamento, que terminou com a aniquilação do regime comunitário, teremos de colocar como causa principal o espectro da barragem que de há muito ameaçava este povo. Provam-no o grande número de construções iniciadas e não concluídas, a quantidade de projectos que nunca chegaram a realizar-se porque todos eram reduzidos ao mesmo denominador comum, frequente na boca amargurada daquele povo, obrigado a cortar com o seu passado, sem perspectivas de futuro, pelo menos a curto prazo: *Vem a barragem, não vale a pena!...*

No entanto, apesar dos sintomas de decadência que se vinham acentuando de dia para dia, o comunitarismo de Vilarinho não deixou de estar presente até aos últimos anos da existência da povoação, continuando as estruturas organizativas próprias a desempenhar as suas funções, no meio das mais difíceis vicissitudes.

No que respeita à Junta, eram muitos e variados os trabalhos que se lhe apresentavam, periódicos uns, extraordinários outros. Assim, ela tinha de tomar medidas acerca da reparação e abertura de caminhos, compostura de muros e fontes, consertos de cabanas, organização da vida pastoril, construção de represas e distribuição das águas da rega, divisão dos matos a roçar, madeiras a cortar, montarias aos lobos, marcação das vindimas, etc. etc., e, ultimamente, estabelecer a melhor estratégia de luta contra a companhia construtora da barragem, o único inimigo que se lhe apresentou como invencível.

Em todos estes assuntos, as autoridades administrativas oficiais — honra lhes seja feita — sempre mostraram o máximo respeito pelos costumes e poderes tradicionais da povoação. Pena foi, porém, que este respeito redundasse numa despreocupação quase absoluta pelos interesses da povoação a que o sistema comunitário, por mais perfeito que fosse, não podia satisfazer plenamente. Que eu saiba, pelo menos, não me consta que a Câmara Municipal do concelho tenha concedido o mais pequeno subsídio ou dispensado qualquer atenção para satisfazer qualquer dessas necessidades mais prementes: abertura de caminhos, conservação das fontes, etc. Não fosse a obrigação de pagar os impostos e as duas ou três visitas anuais que a Guarda Nacional Republicana costumava fazer ao lugar para surpreender com uma pesada multa algum cão vadio ou aqueles que despreocupadamente conduziam, sem a respectiva licença, o seu carro de bois na via pública, por certo que o povo de Vilarinho se esqueceria de que havia em Covas uma Câmara Municipal para promover o bem comum e vigiar pela salvaguarda dos interesses dos habitantes do concelho a que também pertenciam os habitantes de Vilarinho.

Os «Seis» em reunião

4. A COMUNIDADE FAMILIAR

A velha forma comunitária, que forneceu a Vilarinho o melhor sistema de organização para satisfazer as suas necessidades colectivas, repercutiu--se, naturalmente, na própria organização familiar. Tratando-se de uma região de recursos limitados, o habitante de Vilarinho teve de enfrentar o problema da superpopulação como, aliás, acontecera noutras regiões serranas. Daí uma certa tendência para o celibato ou para o casamento relativamente tardio como, em parte, eu pude constatar através de uma simples vista geral da *Genealogia* por mim elaborada a partir de 1625 e que, naturalmente, não é aqui o lugar conveniente para eu a dar a lume. A emigração seria, pelo menos nos tempos mais recentes, uma outra consequência da limitação dos recursos na região e, simultaneamente, um factor de casamentos exogâmicos, com repercussões na comunidade familiar.

O tipo dominante de família em Vilarinho da Furna era, pelo menos nos últimos anos, a *família nuclear* constituída pelo pai, mãe e filhos solteiros. Mas, não raro acontecia que, adentro dessa *família nuclear*, havia um ascendente masculino ou feminino, já viúvos, entregues aos cuidados mais directos do descendente com quem viviam, embora todos os outros se sentissem na obrigação de contribuir para o seu sustento, principalmente quando os pais não haviam distinguido com benefícios económicos o descendente a cujos cuidados se entregaram, quando idosos.

A prática mais usual era dar a *terça parte* dos seus bens ao filho que continuasse na casa paterna para cuidar dos pais. Geralmente oferecia-se essa oportunidade ao filho mais velho. Mas também podia acontecer dela beneficiar, com os correspondentes encargos, qualquer dos outros filhos. E não raro sucedia os pais não distinguirem qualquer dos filhos de forma especial.

À medida que os filhos casavam, procuravam constituir um novo lar, distinto da casa paterna, excepto, como já referi, quando ficavam a cuidar dos pais. A tendência residual era, pois *neolocal*. Também em Vilarinho *quem casa quer casa*, sendo os casos de residência patrilocal ou matrilocal excepções não significativas de tendências determinadas por esquemas de comportamento preconcebidas, além da função de amparo dos respectivos ascendentes.

Essa tendência *neolocal* levava ora à construção de novas habitações, ora ao aproveitamento das casas que, muitas vezes, eram divididas para atender às necessidades do desenvolvimento demográfico.

Os filhos solteiros continuavam na casa paterna, muitas vezes em companhia de um irmão casado, trabalhando as terras em conjunto, mesmo após as partilhas das mesmas. Estas só muito raramente eram feitas por escritura pública. Mas isso não impedia que cada um tivesse a noção do que lhe pertencia.

Na vida comum não se notava a menor superioridade do irmão mais favorecido pelos pais, pois a força comunitária a todos nivelava na luta pela sobrevivência. Apesar de tudo, a partilha das terras era frequentemente uma ocasião de desavenças familiares. O mesmo acontecia quando os tios solteiros beneficiavam uns sobrinhos mais do que outros.

Em termos quantitativos, segundo o recenseamento por mim elaborado em 1970, das 57 famílias existentes em Vilarinho, havia 40 famílias nucleares puras, sete nucleares com um ascendente ocasional, três famílias compostas, duas de isolados e cinco outras de difícil classificação. Neste conjunto, o tipo de família nuclear tem uma representatividade de 82,46 por cento, o que mostra bem a sua importância adentro da comunidade.

QUADRO N.º 1
Recenseamento familiar (1970)

CHEFES DE FAMÍLIA	FILHOS SOLTEIROS	FILHOS CASADOS	ASCEN-DENTES	TIPO DE FAMÍLIA
Silvério José Vilas Boas	1	—	—	nuclear
António José João	5	—	—	nuclear
Manuel José João	3	—	1	nuclear
António Rodriges	1	—	—	nuclear
Maria da Purificação Gonçalves	2	—	—	nuclear
José Gonçalves Rodrigues	—	—	—	nuclear
Manuel Rodrigues Trigo	6	—	1	nuclear
Manuel Pires de Araújo	4	—	—	nuclear
Manuel António Antunes	3	—	1	nuclear
Domingos de Azevedo Barroso	—	—	—	nuclear
José Maria de Azevedo Barroso	1	—	—	nuclear
José Gonçalves Verdego	7	—	—	nuclear
António Joaquim Gonçalves	—	1	—	composta
António Joaquim Martins	—	—	—	nuclear

CHEFES DE FAMÍLIA	FILHOS SOLTEIROS	FILHOS CASADOS	ASCEN- DENTES	TIPO DE FAMÍLIA
Manuel Nunes da Silva	4	—	—	nuclear
Domingos Nunes	—	—	—	nuclear
Lourenço António Rodrigues	1	—	—	nuclear
António Dias Conde	2	—	—	nuclear
José Neves Pires	2	—	—	nuclear
João Gonçalves Martins	1	—	—	nuclear
Manuel Martins Canedas	—	—	—	nuclear
Manuel Joaquim Pereira	6	—	—	nuclear
António Gonçalves Martins	10	—	—	nuclear
António Martins Canedas	1	—	—	nuclear
Avelino Martins Canedas	—	—	—	composta
Albertina da Quelha Tejo	1	1	—	nuclear
José Bento Lourenço Fecha	1	—	—	composta
António Lourenço Fecha	—	1	—	composta
Domingos Lourenço Fecha	—	—	—	nuclear
Domingos Gonçalves Neves	1	—	—	nuclear
Manuel Ant. Antunes de Oliveira	—	—	—	nuclear
António de Azevedo Barroso	2	—	1	nuclear
Serafim Gonçalves Neves	2	—	—	isolado
António Lourenço d'Outeiro	—	—	—	nuclear
Manuel Esteves Barroso	5	—	1	nuclear
Claudino Rodrigues Barroso	2	—	—	nuclear
José Maria Rodrigues Trigo	2	—	—	nuclear
Paulo Neves Pires	1	—	—	nuclear
Teresa Gonçalves	1	—	—	nuclear
Domingos Pires Galante	2	—	—	nuclear
Maria Pires de Araújo	1	—	1	nuclear
João Afonso	2	—	—	nuclear
Claudino Fernandes	1	—	—	nuclear
Manuel Augusto da Silva	—	—	—	nuclear
Manuel Joaquim Gonçalves	—	—	—	nuclear
Albertina Gonçalves Martins	1	—	—	nuclear
Ana Rosa Martins	2	—	—	nuclear
Sebastião de Freitas	—	—	—	isolada
João Rodrigues	3	—	—	nuclear
Maria das Dores de A. Barroso	—	—	—	composta
Manuel da Conceição Lourenço	1	—	—	nuclear
João Antunes de Oliveira	—	1	—	nuclear
Manuel J. de Azevedo Barroso	—	—	—	nuclear
Serafim Alves Gonçalves	1	—	—	nuclear
Maria Gonçalves	1	—	1	nuclear
Manuel Gonçalves Martins	3	—	—	nuclear
António Gonçalves Cortinhas	—	—	1	nuclear

QUADRO N.º 2
Síntese do Quadro N.º 1

FAMÍLIAS	EFECTIVOS	%
Total	57	100
Nucleares	47	82,46
Nucleares puras	40	70,18
Nucleares c/1 ascendente	7	12,28
Compostas	3	5,26
Isoladas	2	3,51
Outras	5	8,77

NB. Na rubrica *Outras* incluo o tipo de familia de difícil classificação como é, por exemplo, o caso de dois irmãos, tio e sobrinho, etc.

5. O TIPO DE PARENTESCO

Segundo a dicotomia *sistemas descritivos* e *sistemas classificatórios,* estabelecida por Morgan[7] e ainda hoje em uso, o tipo de parentesco de Vilarinho enquadra-se perfeitamente adentro dos *sistemas descritivos.*

Caracteriza-se o *sistema descritivo* por usar um termo diferente para designar cada parente, normalmente na linha directa de um descendente, tal como o pai ou a mãe. Ao contrário, os *sistemas classificatórios* nunca limitam o uso de um termo a um único indivíduo: o mesmo termo é empregado para designar uma classe ou grupo de pessoas, umas de parentesco linear e outras de colateral.

É essa característica de emprego de um termo diferente para designar cada parente que se verifica em Vilarinho da Furna, tal como acontece na maior parte dos sistemas de parentesco da Europa. Os termos usados são:

avô-avó — neto-neta
pai-mãe — filho-filha
irmão-irmã
sogro-sogra — genro-nora
cunhado-cunhada
tio-tia — sobrinho-sobrinha
primo-prima
padrinho-madrinha — afilhado-afilhada
padrasto-madrasta — enteado-enteada
compadre-comadre
marido (homem)-esposa (mulher)

Os termos compadre-comadre, padrinho-madrinha, afilhado-afilhada, relacionam-se com um parentesco de tipo «espiritual» originado pelo bap-

---

7 Cf. Lewis H. Morgan, *Systems of Consanguinity and Affinity of the Human Family,* Smithsonian Institution, Washington, 1877.

tismo ou casamento cristão: *compadres* designa os pais e padrinhos dos baptizados ou noivos; *padrinhos,* as testemunhas de casamento ou, no baptismo, aqueles que assumem a responsabilidade da educação cristã do baptizado se os pais o não fizerem; afilhados são os baptizados ou noivos em relação aos padrinhos.

Para a designação dos avós, os netos usavam o tratamento de *Pai* ou *Mãe* seguido do respectivo nome. Assim, por exemplo, se um neto se referia ao seu avô ou avó cujos nomes fossem respectivamente João ou Maria utilizava, em princípio, a designação carinhosa de *Pai João* e *Mãe Maria.* Pelo que conheço, em nenhuma outra povoação circunvizinha se usava tal tratamento, nem mesmo em S. João do Campo, pertencente à mesma freguesia. O mesmo acontecia com os *tios* e *tias,* tratados pelos *sobrinhos* respectivamente por *padrinhos* e *madrinhas,* quer o fossem de facto ou não. Já a designação de *tio-tia,* além do seu raro emprego pelos sobrinhos para referir os irmãos ou irmãs dos pais, tinha o sentido comum de *senhor-senhora,* como acontece em diversos agrupamentos humanos e para cujo facto Kroeber já havia chamado a atenção[8]. Os nomes de *Pai* e *Mãe* eram ainda extensivos ao *sogro* e *sogra,* bem como ao *padrasto* e *madrasta.* Tudo isto documenta a presença de vestígios de uma certa justaposição de sistemas *classificatórios* e *descritivos.*

O tratamento mútuo por *primo-prima* era pouco frequente, ao contrário do que se verificava em outras povoações limítrofes como, por exemplo, em Brufe, Cutelo, Cortinhas, Germil, etc., onde o respectivo tratamento se estendia até ao 4.º e 5.º graus.

Além de estarmos em presença de um sistema de parentesco fundamentalmente *descritivo,* este sistema era também traçado *bilateralmente,* tanto através da linha da *mãe* como da do *pai,* ao contrário do que acontece em muitas culturas, onde as relações de parentesco são traçadas unilateralmente, através da linha paterna ou materna.

O pai e mãe socialmente relevantes eram o pai e mãe biológicos. Mas também se conhecia em Vilarinho, e algumas vezes fora praticada, a *filiação adoptiva,* com os efeitos legais que o Direito Civil lhe reconhece. A noção de *legitimidade-ilegitimidade* dos filhos era a mesma que se observa na maioria, se não na totalidade, das comunidades portuguesas, e que a lei eclesiástica ou civil sanciona. De facto, apesar do seu relativo isolamento, Vilarinho da Furna fora herdeira, como todas as parcelas de Portugal, de uma cultura mais ou menos comum em que se misturam elementos pré-romanos, romanos e bárbaros, mais tarde caldeados pela tendência niveladora dos valores cristãos que se estenderam a todo o Ocidente.

---

8 Cf. A.L. Kroeber, *Classification System of Relationship,* in *Journal of the Royal Anthropological Institute,* Vol. 39, 1909, p. 77-84.

6. PARENTESCO E CASAMENTO

Seja qual for o sistema de parentesco de qualquer sociedade humana, verifica-se que os parentes estão ligados entre si pelo «sangue» ou pelo casamento e, esporadicamente, por outros tipos de alianças. Daí resulta um duplo tipo de laços: os *consanguíneos,* baseados nas relações de «sangue», reais ou fictícias, e os *afins,* assentes no casamento ou outra forma de aliança.

É um facto que a generalidade dos povos ditos «primitivos» não insistem tanto como os Euro-Americanos na prova de união pelo «sangue», nem se preocupam muito em separar o parentesco real do fictício. Presume-se, em princípio, que um marido é o pai biológico dos filhos de sua mulher, mesmo que na realidade o não seja, até porque, perante a sociedade, o seu papel como pai é, por vezes, muito restrito. No entanto, mesmo esses povos não são indiferentes aos laços estabelecidos através do casamento. É um fenómeno universal o reconhecimento de que o casamento de duas pessoas cria um novo conjunto de relações tanto entre si como entre os respectivos parentes. Daí que muitos usos matrimoniais exprimam certa relutância ou satisfação da parte de alguns parentes quando se realiza um casamento.

Se quiséssemos encontrar uma explicação para o tipo e ritual de casamento existente em Vilarinho da Furna teríamos que remontar às várias tradições dos povos germânicos e greco-romanos, caldeadas no cadinho do cristianismo e que, aliás, deram origem às formas de casamento dominantes em toda a Europa, cujas regras a complicada legislação civil e canónica se encarregou de precisar num longo processo evolutivo. Embora sem uma noção precisa dessas regras e respectivos impedimentos matrimoniais, o que é certo é que elas eram uma realidade em Vilarinho da Furna, como lei geral também ali aplicável, e condicionavam necessariamente os laços de parentesco da comunidade.

Geralmente era ao pároco que competia esclarecer as pessoas sobre essas regras aquando da elaboração do processo matrimonial, requerendo a dispensa do impedimento de afinidade ou consanguinidade, quando possível e necessário. Essa dispensa passou a constar do repectivo assento de casamento. Por isso, do estudo pormenorizado que fiz sobre a *Genealogia do Povo de Vilarinho da Furna* pude constatar que, por exemplo, entre 1625 e 1803, dos 200 casamentos certos mais 21 incertos ocorridos nesse período de tempo em Vilarinho, e realizados na respectiva freguesia de S. João do Campo, houve apenas 11 casamentos com dispensa de consanguinidade: sete do 4.º grau, dois do 3.º grau e dois de grau não mencionado. Isto mostra a relativa pouca frequência — apenas 5% — dos casamentos consanguíneos. Conclusão semelhante se poderia tirar da análise da 2.ª parte da *Genealogia*, de 1895 a 1970. Conversando com várias pessoas de Vilarinho sobre o assunto, cheguei à convicção de que, em princípio, as pessoas preferiam casar com não consanguíneos, possivelmente devido a pressões religiosas, motivos económicos, etc.

Eram ainda as pressões religiosas e sociais, no grupo restrito da comunidade, que impediam uniões maritais ilegítimas. Não consta que tais uniões existissem em Vilarinho. O que não impedia de haver filhos ilegítimos, embora em número restrito. Assim, entre 1625 e 1803 nasceram em Vilarinho 31 filhos ilegítimos de 29 mães solteiras, sendo três delas de fora da povoação. E, entre 1895 e 1970, apenas seis filhos ilegítimos de três mães solteiras.

A virgindade da mulher até ao casamento era apreciada pelos homens e fortemente aconselhada pelos pais às filhas. No entanto, nem sempre as relações sexuais pré-nupciais eram evitadas. E, por vezes, constituíam até um motivo para obrigar o rapaz a casar, ou obter o consentimento dos pais adversos, principalmente quando dessas relações resultava um filho. Se, em tais circunstâncias, o casamento se não realizasse, muito dificilmente a rapariga conseguiria arranjar outro noivo.

Uma vez casados, embora fosse conhecida a existência do divórcio e separação judicial não se praticavam em Vilarinho. Os conflitos conjugais eram sanados, em última instância, por separações esporádicas em que a mulher regressava à casa paterna por algum tempo, geralmente de pouca duração.

Os casos de adultério, pelo menos conhecidos, eram raros e severamente criticados pela população.

QUADRO N.º 3
Casamentos com Dispensa de Consanguinidade
1625-1803

Casamentos	Efectivos	%
Total	221	100
Certos	200	90,50
Incertos	21	9,50
Dispensados de consanguinidade		
Total	11	4,98
4.º grau	7	3,18
3.º grau	2	0,90
Grau ignorado	2	0,90
Não dispensados	209	95,02

7. ESPAÇO E PARENTESCO

Uma das variáveis a ter em conta, na análise de qualquer sistema de parentesco, é o espaço em que ocorrem as relações entre os parentes. Já vimos anteriormente que essas relações se definem por laços de «sangue» de afinidade, reais ou fictícios. O quadro de tais relações obedece a um conjunto de preceitos variáveis com as unidades culturais. Daí a grande diferença de formas de vida padronizadas no âmbito do parentesco. Assim, por exemplo, se existem grupos humanos em que se incentiva o casamento entre primos, noutros ele é proibido; e todas as sociedades distinguem as relações maritais permitidas de outras formas proibidas; bem como todas têm determinadas preferências para a escolha do cônjuge conveniente, ao mesmo tempo que se proíbe a coabitação entre determinadas pessoas, como é, por exemplo, no caso do incesto. Deste modo se verifica que os casamentos podem ser encorajados ou proibidos por múltiplas razões: parentesco, «raça», religião, situação económica, cultura, local de residência, profissão, etc. O conjunto dessas motivações conduz a duas soluções opostas: *endogamia* ou *exogamia.*

Há *endogamia* quando um ou mais padrões culturais leva um povo a casar adentro de uma dada unidade; e *exogamia,* se as pessoas são impelidas a buscar o seu cônjuge fora do grupo a que pertence. Este grupo pode ser a sociedade no seu conjunto ou qualquer dos seus subgrupos. Por exemplo, nas sociedades ocidentais, a maioria dos casamentos são *endogâmicos* quanto à nacionalidade, grupo religioso, etc., mas *exogâmicos* em relação ao círculo familiar.

Não é, pois, de estranhar que, em Vilarinho da Furna, se encontrasse também estes tipos de casamento — endogâmicos e exogâmicos — relativamente aos diversos aspectos sob que se podem considerar. Merece especial interesse a classificação desses casamentos em relação à povoação que constituía em si uma unidade geográfica, cultural, social e económica. A análise das duas partes da *Genealogia do Povo de Vilarinho da Furna,* por mim elaborada, permite-me tirar algumas conclusões seguras.

Assim, entre 1625 e 1803 foi-me possível identificar 221 casamentos, 40 dos quais com pessoas estranhas à povoação, ficando 39 a residir em Vilarinho: 21 homens e 18 mulheres; o outro casal foi residir para S. João do Campo. Note-se, no entanto, que é difícil determinar o número exacto de casamentos realizados neste período, e mais difícil ainda averiguar o número de pessoas saídas de Vilarinho, pelo casamento, para outras freguesias, por apenas constarem dos *Livros Mistos* de S. Jõao do Campo os casamentos aí realizados, como é óbvio, e não haver possibilidade de recurso a outras fontes de informação. Em todo o caso, não é despiciendo o valor da amostragem que demonstra uma elevada percentagem de casamentos endogâmicos: 81,90% endogâmicos e 18,10% exogâmicos.

São bastante variados os locais de procedência dos cônjuges. No período em questão, puderam ser identificadas 18 localidades, como consta do *Quadro n.º 5*. O número de pessoas ingressas em Vilarinho, procedentes dessas localidades, varia com a distância a que estas se situam da povoação. Assim, o Campo, Covide, Paredes, sendo as localidades mais próximas de Vilarinho, são também as que apresentam quantitativos mais elevados. Isto é perfeitamente compreensível, dada a maior facilidade de contactos existentes.

Quanto à 2.ª parte da *Genealogia,* relativa aos anos de 1895 a 1970, assinala-se a existência de 225 casamentos que englobam, evidentemente, os já existentes em 1895. Destes casamentos, 128 foram realizados com pessoas de fora de Vilarinho: 50 homens e 77 mulheres exteriores à povoação, além de um casal em que ambos os cônjuges eram de fora. Desses casamentos exogâmicos passaram a residir fora 71 casais, dos quais eram de Vilarinho 43 homens e 28 mulheres. Os outros 57 casais ficaram a residir em Vilarinho. Como se pode constatar, houve um ligeiro predomínio dos elementos saídos em relação aos entrados.

Os locais de destino das pessoas saídas de Vilarinho estão indicados no *Quadro n.º 7*. Lisboa e Brasil são os locais que apresentam maior percentagem, o que mostra, por si, a relativa importância da emigração como factor de casamento e parentesco. Principalmente Lisboa para onde havia uma corrente migratória significativa desde a Segunda Guerra Mundial, com a qual decaíra a emigração para o estrangeiro. A linguagem dos números é bem significativa.

Se, relativamente às saídas de Vilarinho, a emigração representa o principal factor, as entradas de novos elementos pelo casamento devem-se prioritariamente à proximidade da povoação. Daí que as aldeias circunvizinhas — Campo, Cortinhas, Paredes, Ermida, Carvalheira — tenham sido aquelas que forneceram mais cônjuges a Vilarinho, como consta do respectivo *Quadro n.º 8*.

A proximidade era reforçada por outros factores que funcionavam como pólos de convergência que contribuíam para o encontro e conhecimento mútuo das pessoas. O *Quadro n.º 9* mostra quais são esses factores e a relativa importância de cada um. Entre eles sobressaem a facilidade de contacto com a vizinha povoação do Campo, que era a sede da freguesia, onde todos os domingos as pessoas de Vilarinho se deslocavam para ir à missa, e o trabalho agrícola em Vilarinho, que aí atraía pessoas para trabalhar como serviçais permanentes ou em determinádos períodos sazonais.

Esses trabalhos periódicos — segadas, malhadas, vindimas, etc. — fomentavam um intercâmbio com as povoações vizinhas de que resultava um conhecimento das pessoas, que, muitas vezes, conduzia ao casamento. O mesmo acontecia com as duas festas que anualmente era uso celebrar em Vilarinho: a festa da Imaculada Conceição, em 8 de Dezembro, e a festa do Senhor, pelo mês de Junho.

O trabalho na floresta portuguesa e espanhola constituía outro factor de encontro de pessoas de diversas localidades, bem como a Feira de Covas onde acorriam quinzenalmente pessoas de todas as povoações do concelho de Terras de Bouro e de algumas povoações do concelho da Ponte da Barca.

Outros factores havia, como se pode ver pelo referido *Quadro,* os quais dispensam qualquer comentário, pelo seu fácil entendimento, através da simples enumeração e pouca representatividade.

E, com isto, creio ter conseguido um suficiente esclarecimento da inter--relação entre as duas variáveis apontadas em título: *Espaço e Parentesco.* Resta-me apenas acrescentar que existe uma aparente discrepância entre as conclusões a que se poderia chegar pelas entrevistas com os naturais de Vilarinho e pela análise estatística da *Genealogia.* De facto, segundo pude apurar de várias e longas conversas havidas com pessoas de Vilarinho, os furnenses preferiam casar com naturais da povoação, principalmente por causa do trabalho das terras.

Estando toda a economia da região basicamente fundada numa estrutura agro-pastoril, e sendo difíceis as comunicações entre as diversas povoações circunvizinhas por deficiências da rede viária, não era nada fácil às pessoas casadas com outras de fora da povoação trabalhar simultaneamente as terras que possuíam em Vilarinho e na povoação do outro cônjuge. A solução que quase sempre se impunha era vender ou arrendar as propriedades possuídas na povoação em que não residiam. Mas como isso, mesmo quando viável, causava uma série de preocupações aos recém-casados, constituía, muitas vezes, óbice à prática de tais casamentos. Isso era um facto. No entanto, a análise da 2.ª Parte da *Genealogia,* de 1895-1970, mostra que o número de casamentos exogâmicos foi superior ao dos casamentos endogâmicos nesse mesmo período de 1895-1970.

A razão desta discrepância entre as conclusões a que se pode chegar pelas entrevistas e pela análise da *Genealogia* resulta do facto de a maior parte dos casamentos exogâmicos se terem realizado entre as pessoas que possuíam poucas propriedades em Vilarinho e que, por isso, saíram da povoação em busca de outros meios de subsistência, e com outras pessoas que vinham trabalhar para Vilarinho, como serviçais, por não terem propriedades nas localidades de onde eram naturais. De facto, se o número total de casamentos exogâmicos for diminuído das saídas para Lisboa e Brasil, por motivos de emigração, e das entradas de serviçais em Vilarinho, obter-se-á um número de casamentos exogâmicos inferior ao de endogâmicos. E o resultado obtido poderia ainda ser deduzido de outros valores respeitantes a outros elementos saídos e entrados, possuidores de escassos recursos económicos, principalmente de carácter agrícola. Aliás, as variáveis *Riqueza* e *Casamento* têm também a sua correlação em Vilarinho da Furna: geralmente as pessoas de famílias ricas procuravam casar com as de outras famílias abastadas e as de famílias pobres eram levadas a contrair casamento com pessoas menos abastadas. Enfim, no que respeita à discrepância anotada, tudo isto permite superar a aparente contradição resultante da diferença de metodologia adoptada.

QUADRO N.º 4

Casamentos Endogâmicos e Exogâmicos
1625-1803

Casamentos	Efectivos	%
Total	221	100
Exogâmicos	40	18,10
Residentes em Vilarinho	39	17,65
	21 H.	9,50
	18 M.	8,15
Saídos de Vilarinho	1(a)	0,45
Endogâmicos	181	81,90

(a) Não se engloba o número de casamentos realizados *para fora* da freguesia por impossibilidade de encontrar referências.

QUADRO N.º 5

Locais de Procedência dos Cônjuges Vindos
para Vilarinho (1625-1803)

Local de Procedência	N.º de Casamentos	%
Campo	14	35,92
Covide	4	10,28
Paredes	3	7,69
Lindoso	2	5,13
Paradela de Valdozende	2	5,13
Carvalheira	2	5,13
Ervedeiros	1	2,56

Local de Procedência	N.º de Casamentos	%
Vilar da Veiga	1	2,56
Rio Caldo	1	2,56
Cotelo	1	2,56
S. Silvestre (Ermida)	1	2,56
Balança	1	2,56
Cibões	1	2,56
Parada de Lindoso	1	2,56
Freitas	1	2,56
Abadim das Choças	1	2,56
Valença	1	2,56
S. Bartolomeu do Campo (Porto)	1	2,56
Total	39	100
Homens	21	53,85
Mulheres	18	46,15

QUADRO N.º 6
Casamentos Endogâmicos e Exogâmicos
1895-1970

Casamentos	Efectivos	%
Total	225	100
Exogâmicos	128	56,89
Homens	50	22,22
Mulheres	77	34,22
Casais	1	0,45
Residentes em Vilarinho	57	25,33
Homens	34	15,11
Mulheres	22	9,78
Casais	1	0,44
Saídas de Vilarinho	71	31,56
Homens	43	19,12
Mulheres	28	12,44
Endogâmicos	97	43,11

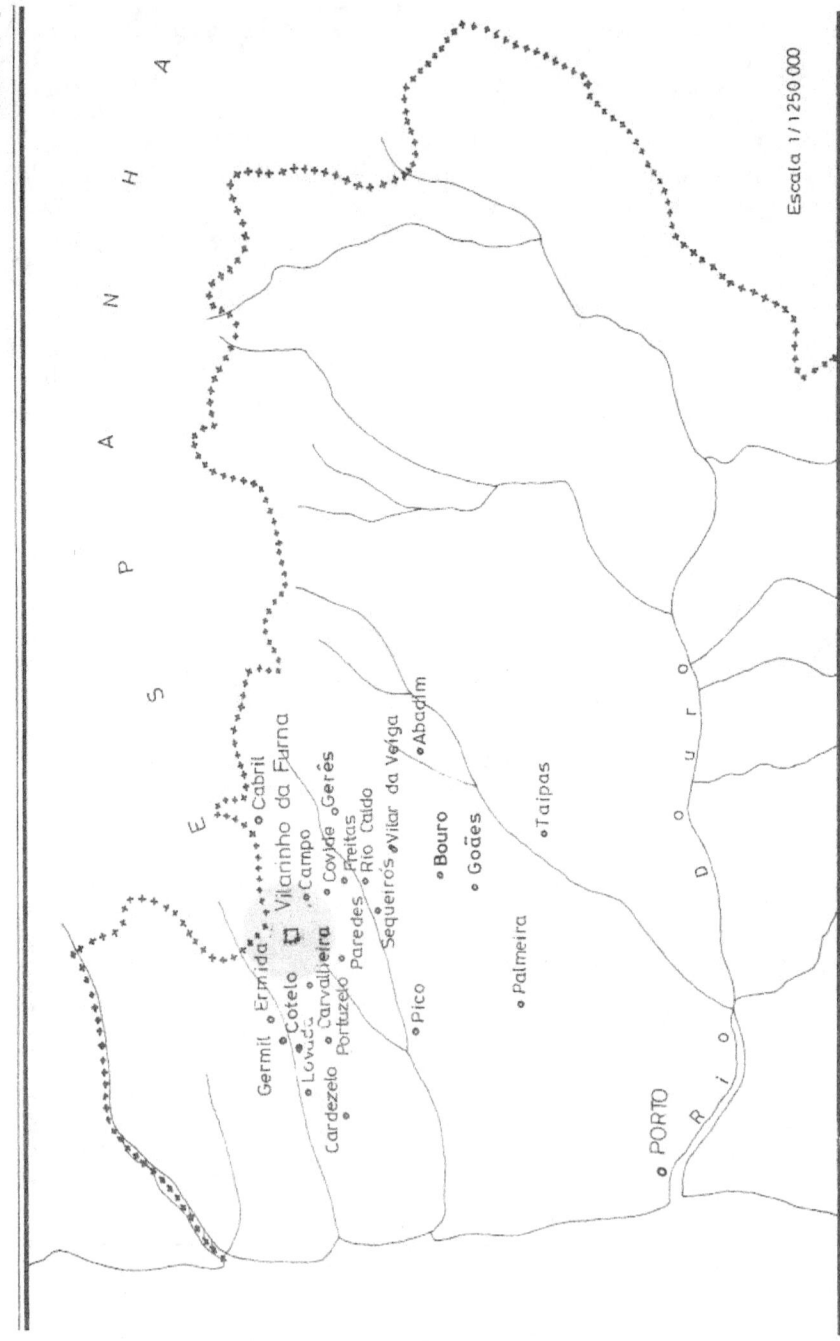

Escala 1/1 250 000

Locais de procedência dos cônjuges vindos para Vilarinho—(1895 – 1970)

QUADRO N.º 7

Locais de Destino dos Cônjuges Saídos de Vilarinho (1895-1970)

Local de Destino	N.º de Casamentos	%
Lisboa	24	33,80
Brasil	5	7,04
Campo	4	5,65
Ermida	2	2,81
Carvalheira	2	2,81
Crasto	2	2,81
Brufe	1	1,40
Covide	1	1,40
Escorna Bois (Espanha)	1	1,40
Vila Meã (Espanha)	1	1,40
Lodeiros (Espanha)	1	1,40
Portela (Arcos)	1	1,40
St. Tirso	1	1,40
Cibões	1	1,40
Balde (Baião)	1	1,40
S. Bento	1	1,40
Régua	1	1,40
Ventosa	1	1,40
Lindoso	1	1,40
Cabril	1	1,40
Penedo	1	1,40
Chorense	1	1,40
Paredes do Rio (Montelegre)	1	1,40
Parada (Ponte da Barca)	1	1,40
Sequeirós	1	1,40
Porto	1	1,40
St.ª Marinha de Oriz	1	1,40
Eirós	1	1,40
Local Desconhecido	10	14,08
Total	71	100
Homens	43	60,56
Mulheres	28	39,44

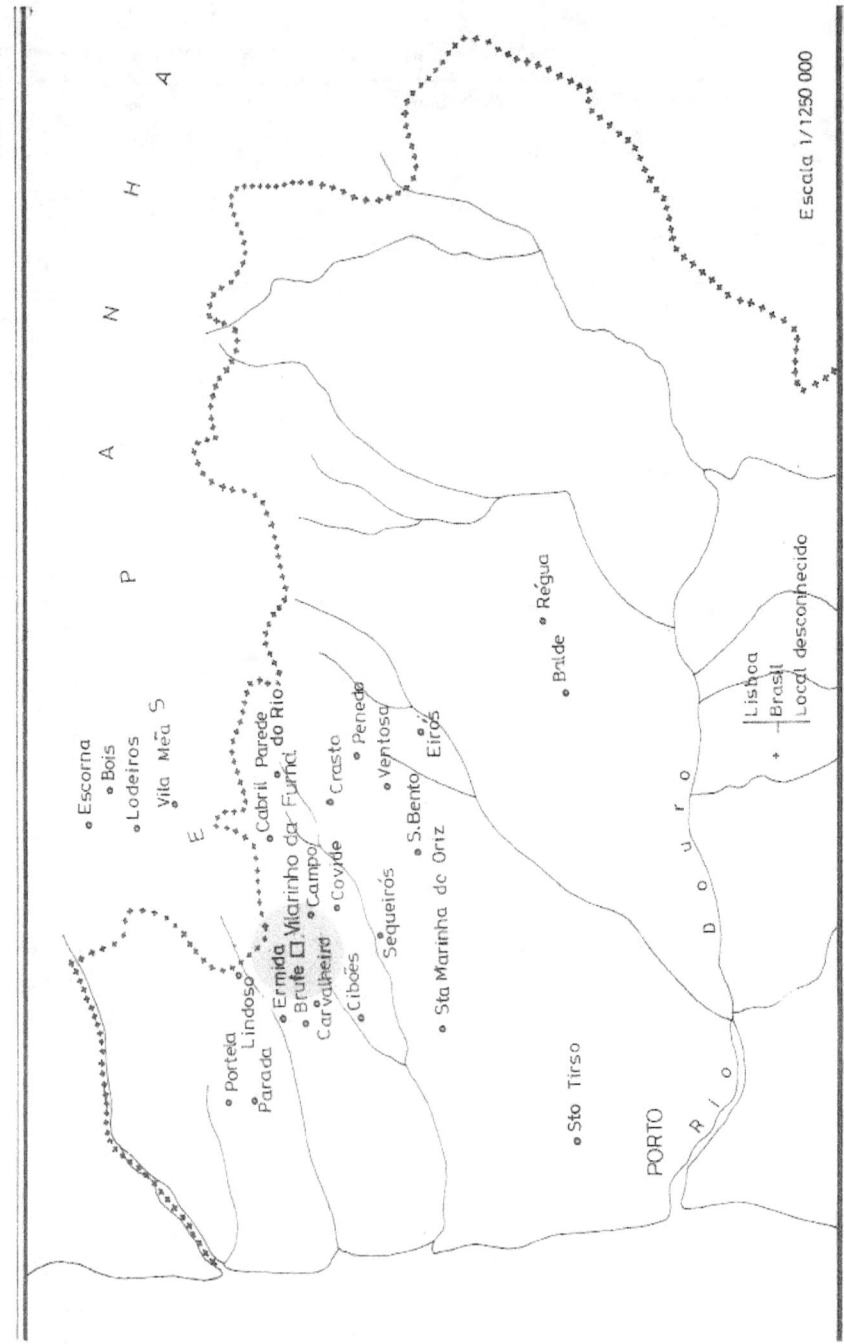

Escala 1/1 250 000

Locais de destino dos cônjuges saídos de Vilarinho (1895-1970)

QUADRO N.º 8
Locais de Procedência dos Cônjuges Vindos para Vilarinho
(1895-1970)

Local de Procedência	N.º de Casamentos	%
Campo	16	28,58
Cortinhas	7	12,50
Ermida	4	7,15
	+ 1 casal	
Paredes	4	7,15
Carvalheira	3	5,35
Bouro	2	3,58
Germil	2	3,58
Sequeirós	2	3,58
Cabril	2	3,58
Portuzelo	1	1,78
Abadim	1	1,78
Cardezelo	1	1,78
Pico	1	1,78
Gerês	1	1,78
Rio Caldo	1	1,78
Goães	1	1,78
Lovada	1	1,78
Taipas	1	1,78
Cotelo	1	1,78
Vilar da Veiga	1	1,78
Freitas	1	1,78
Palmeira	1	1,78
Covide	1	1,78
Total	56	100
	+ 1 casal	
Homens	22	39,28
Mulheres	34	60,72
Casais	1	

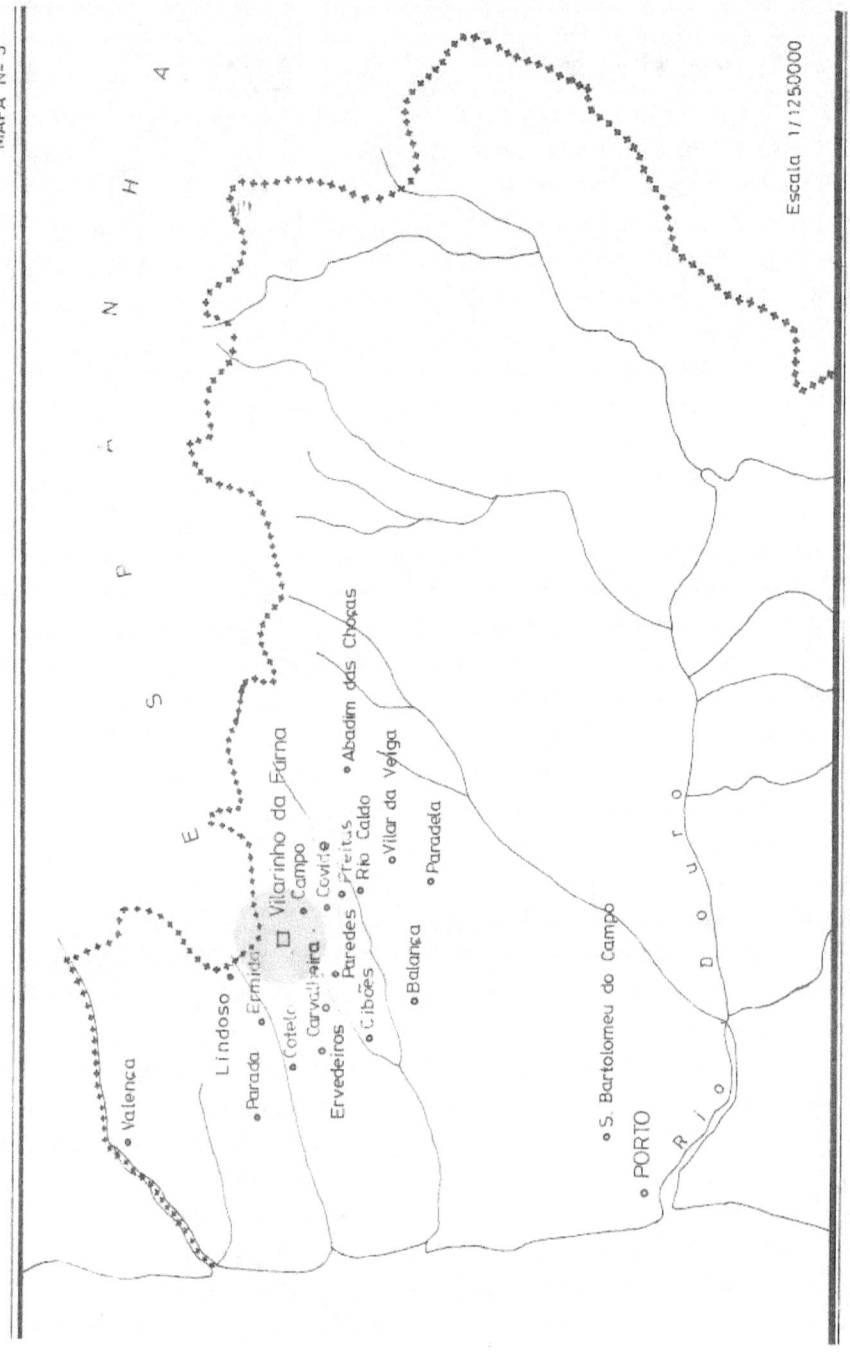

Escala 1/1250000

Locais de procedência dos cônjuges vindos para Vilarinho - (1625 - 1803)

QUADRO N.º 9
Factores de Casamento Exogâmico (1895-1970)

Factores	N.º de Casamentos	%
Frequentes contactos c/Campo	20	15,62
Trabalho agrícola em Vilarinho:		
— permanente (serviçal)	12	9,37
— sazonal	1	0,78
Trabalho agrícola fora de Vilarinho	5	3,90
Festas em Vilarinho	9	7,03
Trabalho na Floresta:		
— Portuguesa	4	3,12
— Espanhola	1	0,78
Feira de Covas	4	3,12
Intermediários (Alfaiates)	3	2,34
Contrabando	2	1,56
Antiga permanência da tropa em Vilarinho	2	1,56
Comércio:		
— de gados	2	1,56
— de mercearia	1	0,78
Barragem (construção)	2	1,56
Guarda Fiscal em Vilarinho	1	0,78
Estudos em Braga	1	0,78
Professorado	1	0,78
Termas do Gerês	1	0,78
Trabalho dos Carris	1	0,78
Emigração:		
— para Lisboa	24	18,57
— para o Brasil	5	3,90
Outros factores	16	12,50
Total	128	100

QUADRO N.º 10
Comparação dos Casamentos Endogâmicos com os Exogâmicos
(1895-1970)

Casamentos	Efectivos	%
Total	225	100
Endogâmicos	97	43,11
Exogâmicos	128	56,89
— para Lisboa	24	10,67
— para o Brasil	5	2,22
— c/Serviçais	12	5,33
— Outros	87	38,67

8. O HOMEM E O SOBRENATURAL

Todos os habitantes de Vilarinho da Furna, aí residentes, praticavam a religião católica, sendo motivo de forte crítica por parte dos outros o eventual não cumprimento dos deveres religiosos.

Para satisfazer as suas obrigações de «ouvir missa inteira aos domingos e festas de guarda» dirigiam-se a pé, a cinco quilómetros de distância, à igreja paroquial de S. João do Campo. De vez em quando também havia missa em Vilarinho em alguns dias da semana, dependendo isso principalmente das possibilidades do pároco que tinha que atender também às necessidades das outras paróquias circunvizinhas.

À noite todos se recolhiam para rezar as «trindades» ao bater do sino e, após o jantar, reuniam-se em torno da lareira para rezar o terço em conjunto.

As festas do Senhor e da Imaculada Conceição eram também tempos fortes na vida de Vilarinho da Furna. Não faltavam as procissões com andores exuberantemente ornamentados, e o sermão e missa cantada, acompanhada pela banda de música, nos últimos tempos já transmitida pelo alto-falante expressamente contratado para animar as festas, embora só podendo transmitir «marchas e cânticos religiosos», por ordem expressa do Sr. Arcebispo. Nesses dias também aí acorriam as *doceiras,* vindas de outras povoações para vender os seus doces, pois sem doces e rosca de pão-de--ló não haveria festa.

Os jovens aproveitavam a tarde para dançar a chula, vira ou cana-verde, nas eiras da aldeia, ao som de uma concertina que também podia acompanhar cantares à desgarrada.

As festas eram organizadas pelos vizinhos, à vez, segundo uma ordem estabelecida. As famílias a quem coubesse a obrigação de as fazer, tinham que preparar o almoço e jantar convenientes com carne de cabra e carneiro, vinho e pão suficientes para os padres, músicos, armador, fogueteiro, etc. Os outros vizinhos davam a sua esmola para a contribuição da festa, sendo a recolha, geralmente em géneros, pelo S. Miguel, altura das desfolhadas.

Além daquelas duas festividades, o Natal era a grande festa da família, onde não faltava na noite de Consoada o portuguesíssimo prato de batatas com bacalhau, regado com azeite e vinagre. No fim, fazia-se um pouco de serão, ao redor da fogueira, alimentada pelo maior tronco que se pudesse encontrar, antes de se ir visitar os outros familiares, não esquecendo nunca o simbólico presente de Consoada entre padrinhos e afilhados.

A passagem do ano era assinalada com o cantar das Janeiras pela miudagem que percorria as ruas da povoação a cantar de porta em porta:

As Janeiras
não se cantam
nem se pedem aos fidaurgos.
Cantaremolas nós agora
por seremos melhorados.
Melhorados na saúde,
Descuntados nos pecados.
Nós somos gentinha noba,
não aceitamos dinheiro,
senão galos e capões,
relicairos ao fumeiro. (sic.)

No fim, um dos da comitiva dava as Boas-Festas:

— Boas-Festas, Sr. F., corporais e espirituais, na companhia de sua família a quem dará ou mandará dar uma esmola aos rapazes das Janeiras, com muita vida e saúde.

— Por muitos anos — respondia o dono da casa.

No dia seguinte, Dia de Ano Novo, fazia-se o peditório cujo produto de milho, batatas, cebolas e chouriços dava o suficiente para uma jantarada e mandar celebrar algumas missas pelas almas do Purgatório.

A visita pascal, que passava em Vilarinho geralmente na Segunda Feira de Páscoa, era festa para toda a gente da aldeia. Acompanhado da sua comitiva, o Sr. Abade distribuía *Aleluias* por todas as casas.

O casamento era também um momento de festa para a aldeia. Todos participavam na solenidade que ia fazer surgir um novo chefe de família com todos os direitos e obrigações daí decorrentes.

De manhã cedo, à hora combinada, a noiva saía de casa acompanhada pela respectiva família e amigos, «todos com traje de ver a Deus». À mesma hora saía o noivo com os seus padrinhos e rapazes solteiros para lhe darem as despedidas.

Se ainda fosse virgem, a noiva levava um ramo de flores e os laços. Realizado o casamento, à saída da igreja iam os noivos à frente, seguidos dos convidados aos pares e todos de guarda-chuva abertos, quer fizesse sol ou chuva. Este costume devia ser relativamente recente e denotava elegância e distinção. Também não faltavam os confeitos e arroz por cima da comitiva e da garraiada.

Baile na eira da aldeia

Visita pascal

Mas a vida voa e não perdoa. Por isso, se o casamento é o início de uma vida nova, a morte é o seu ocaso. Enquanto não houve cemitério em Vilarinho, os mortos iam a enterrar a S. João do Campo.

Antes de o defunto sair de casa, entre os choros dos familiares e as palavras reconfortantes do pároco, ditas em latim, havia o costume de sair uma mulher com a *obrada* (oblata) num *açafate* à cabeça. Esta oblata era uma espécie de oferenda feita a Deus, mas entregue ao padre. Constava de meia--rasa de milho e meio quilo de toucinho.

Na noite de vigília, um representante de cada família ia passar a noite a casa do morto, para a rezada que constava de 30 padre-nossos, 30 avé-marias, e 30 glórias. A família dorida oferecia-lhes vinho, café, bolo e bacalhau. Aliás, os doridos costumavam dar uma ração de pão e um copo de vinho àqueles que o acompanhavam ao enterro, após o regresso do cemitério, sobre a ponte, ao ar livre. Aqueles que tivessem oferecido dinheiro para missas também tinham direito a uma posta de bacalhau.

O luto pelo morto perdurava anos: roupa preta, proibição de cantar, de ir a festas, etc. Ao contrário do citadino, o homem da serra vive sinceramente a amizade dos que lhe eram queridos e que já desapareceram quase como se de vivos se tratasse.

Escusado será dizer que as práticas religiosas dos furnenśes, como de qualquer povo, andavam também imbuídas de superstição e magia. A crença nas bruxas, nos lobisomens, nas feiticeiras, nas mouras encantadas, nas pessoas de mau-olhado, restos da sua cultura pré-cristã, era um facto incontestável e bem notório de que os próprios homens falavam quando desconheciam as causas empírico-científicas de determinados fenómenos. Mas isso não era exclusivo de Vilarinho. Encontramo-lo por todo o Portugal, para não falarmos de outros espaços geográficos e culturais mais vastos.

Para alguns desses males que afectavam as pessoas de Vilarinho havia vários ritos e em salmos apropriados. Assim: — para curar um pé ou mão aberta; para «cortar o fogo lobo»; para cortar a peçonha; para o corte do assanhado; para cortar a «zipela»; para cortar o ar; para erguer a espinha; para espanar, etc., etc. A publicação dessa recolha por mim elaborada, em separata, merece um estudo mais detalhado.

Para além disso, o povo de Vilarinho sabia um grande conjunto de orações e responsos a St.º António que eram transmitidos oralmente de geração em geração, e que seria fastidioso enumerar aqui.

Também, embora não fosse, por natureza, um povo muito expansivo, a gente nova gostava de cantar; cantigas mais ou menos regionais das redondezas e outras mais recentes, vindas de mais longe. Não raro se ouviam as vozes dos rapazes ou raparigas a cantar pelo meio dos milheirais ou pelo monte da serra e a ecoar pelos recantos da montanha. Mas a forma mais típica era o canto à desgarrada, ao som de uma concertina.

9. DA COMUNIDADE À DIÁSPORA

9.1.1. Em busca de novos rumos

Tudo o que acabamos de analisar não passa mais de um sonho. O espectro da barragem que pairava sobre Vilarinho caiu sobre a povoação como um abutre esfaimado. A barragem veio e acabou o comunitarismo de Vilarinho!...

A *Barragem de Vilarinho das Furnas* foi inaugurada em 21 de Maio de 1972. Nessa data já Vilarinho não existia como povoação. E os seus antigos habitantes encontravam-se então dispersos pela província do Minho.

O êxodo verificara-se anos antes nas mais difíceis condições, sem um simples estradão para puderem tirar os seus materiais. De facto, a única estrada existente na região, feita há anos pelos Serviços Florestais, ficava a cerca de quatro quilómetros da povoação. As vias de acesso à aldeia foram única e exclusivamente construídas e reparadas, desde tempos imemoriais, pelos habitantes de Vilarinho. Era, pois, de esperar que, ao menos nos últimos dias da sua existência, Vilarinho tivesse uma estrada para que todos pudessem tirar os seus haveres. Verdade se diga que a Hidroeléctrica do Cávado (HICA) começou por ter isso em consideração, chegando mesmo a rasgar um grande troço de uma pretensa estrada que, afinal, não passara de um caminho mal acabado, em nada servindo os interesses da povoação. Tiveram de ser os próprios moradores de Vilarinho a construí-lo, como sempre acontecera ao longo da sua história, se o quiseram ter.

O êxodo do povo de Vilarinho pode localizar-se perfeitamente entre Setembro de 1969, altura em que a CPE (Companhia Portuguesa de Electricidade — SARL) começara a fazer os pagamentos da indemnização aos proprietários, em Outubro de 1970, quando na aldeia foram afixados editais a marcar o tapamento da barragem. De um ano dispuseram, pois, os habitantes de Vilarinho para fazer os seus planos, procurar novas terras e proceder à transferência dos seus móveis.

Início da construção da barragem

As 57 famílias que habitavam esta povoação, escondida entre as serras da Amarela e do Gerês, procuraram fixar-se noutras paragens, investindo geralmente na agricultura os parcos contos de uma escassa indemnização que receberam da então CPE. A título de prova, para não ficar em afirmações gratuitas, aqui fica um exemplo entre muitos que poderia escolher: de Vilarinho conheço eu alguém, cujas propriedades tive o cuidado de medir, que, incluídas três grandes casas, recebeu da CPE uma média de oito escudos por metro quadrado aproximadamente. E dizem os vizinhos que foi dos mais bem pagos. Na minha modesta e sempre discutível maneira de ver, penso que aqueles valores significam que as casas foram gratuitas e os terrenos mal pagos. Daí a conclusão: Vilarinho foi mal pago. E, se ainda nos pudessem restar algumas dúvidas, elas ficariam desfeitas pela simples apreciação dos quantitativos em que Vilarinho da Furna foi avaliado pelos técnicos que fizeram a previsão dos encargos financeiros a suportar pela companhia construtora da barragem relativamente às indemnizações a pagar: nada mais nada menos que 20 741 607$00 (vinte mil, setecentos e quarenta e um contos e seiscentos e sete escudos).

Com a carência de tempo, surgiram as precipitações! Até porque foi nula a mentalização e informação por parte das entidades oficiais ou oficiosas para um aproveitamento das potencialidades socioeconómicas de toda essa população. E dois casos houve em que os expropriados foram ludibriados na compra de novas propriedades, perdendo mesmo centenas de contos.

A atitude geral da população foi investir na agricultura o valor da indemnização recebida. Mas três famílias houve para quem a indemnização não dava sequer para comprar casa idêntica à que possuíam e que por isso tiveram de esperar longos anos em casas alugadas, mais exactamente em palheiros, da aldeia vizinha de S. João do Campo, à espera que a CPE lhes construísse o bairro que nunca veio, e sem lhes pagar as rendas de casa, como era de exigência legal estipulada no art.º 19 da Lei 2030, de 22 de Junho de 1948, onde se exige que nas expropriações das casas de habitação, a entidade expropriante providencie, antes de consumar, o desalojamento, no sentido de ser proporcionada nova habitação aos moradores que, pela escassez dos seus meios económicos conjugada com a dificuldade de encontrar casa disponível na localidade, não puderem satisfazer por outra forma, em condições razoáveis, as suas necessidades de alojamento. Só anos mais tarde foram atribuídas duas casas prefabricadas a duas dessas famílias, pois uma procurara safar-se por onde pôde com os 13 contos recebidos da CPE e a outra fixara-se em Lisboa, em casa de familiares com os 10 contos da indemnização. Além dessas famílias, só dois proprietários não compraram terras de cultivo: um que apenas adquiriu uma casa de habitação, e o outro que vive, em casa alugada, dos juros do seu capital.

Inundados os terrenos de cultivo, submersa a povoação e escasseando as terras cultiváveis nas redondezas, impôs-se a dispersão pelos concelhos de Terras de Bouro, Vieira do Minho, Amares, Vila Verde, Póvoa de Lanhoso, Braga, Guimarães, Barcelos, Ponte de Lima, Ponte da Barca e Viana do Castelo.

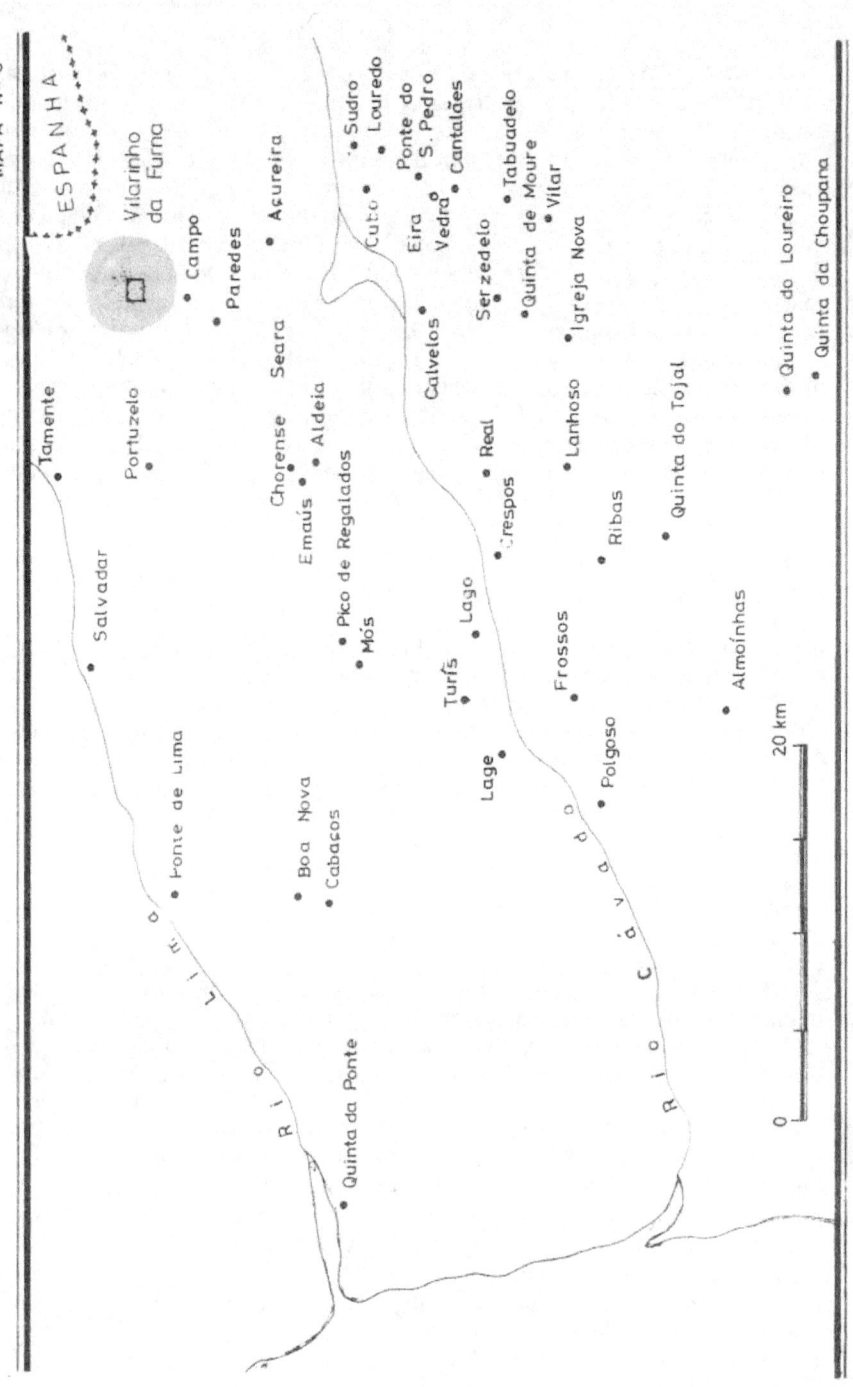

Dispersão das Famílias de Vitarinho da Furna

Embora em grande parte resultante da situação de emergência que se impôs, a escolha de novas terras teve como, factores determinantes o peso de padrões culturais de que os furnenses eram portadores. Isso é patente no facto da população ter escolhido o sector primário para investimento dos seus capitais, não obstante a generalizada convicção da fraca rentabilidade desse sector. No entanto, ainda era a terra que se lhes afigurava, se não pela sua rentabilidade, pelo menos pelo seu valor intrínseco, como o meio mais apropriado de evitar a desvalorização do capital recebido. E isso levou alguns a procurar fazer a sua compra em locais tanto quanto possível bem situados, junto dos centros mais desenvolvidos. Outros, ao contrário, pretendendo encontrar um ambiente o mais possível semelhante ao de Vilarinho, buscaram as terras montanhosas de Vieira do Minho, Ponte da Barca e Terras de Bouro, onde poderiam (e alguns assim o fazem) dedicar-se à criação de gados como complemento da actividade agrícola. E não deixa de ser sintomático que os dois proprietários que em Vilarinho mais dedicados eram à criação de caprinos continuem com essa actividade nas terras para onde se deslocaram, embora o pastoreio tenha agora de ser feito individualmente.

Não obstante uma certa especulação suscitada pela procura elevada, que alguns informadores oportunistas tentaram aproveitar, quase todos beneficiaram, na compra que fizeram, da muita oferta de terras que havia para vender por todo o Minho, onde o abandono sistemático da agricultura se tem acentuado[9]. Principalmente nas zonas de montanha. E talvez seja por isso mesmo que alguns deles já venderam a terra que compraram para ir para França, e outros a venderiam também se lhes aparecesse comprador.

Poucos são os que vivem só da agricultura. Talvez apenas umas 14 famílias. E menos ainda os que têm um caseiro para cuidar das terras. Mesmo aqueles que o poderiam fazer, pela extensão das terras que compraram, estão disso impossibilitados pela falta de braços, familiares ou estranhos, para trabalhar a terra. E a dificuldade parece tender a acentuar-se cada vez mais, pois a gente nova que vá estudar dificilmente se agarrará à terra[10] e os outros preferem trabalhar, sempre que possível, em actividades como a construção civil, fábricas, etc., porventura mais lucrativas e menos trabalhosas, pelo menos aparentemente. Por isso, os antigos habitantes de Vilarinho desde logo procuraram um complemento económico fora do sector primário em que se radicaram e o número dos emigrantes é praticamente o mesmo que era quando Vilarinho ainda existia. E era de supor que, a manterem-se as condições de então, a tendência para o abandono da agricultura se acentuaria, não obstante a tentativa de fixarem à terra os trabalhadores rurais, nomeadamente pela extensão dos benefícios da Previdência a essa população, no tempo de Marcello. Mas tais medidas apenas vieram favorecer os «trabalhadores por conta de outrem», deixando ainda mais desfavorecidas os pequenos e médios proprietários, como era o caso da maioria das famílias de Vilarinho que, a dedicar-se apenas ao amanho das suas terras, veriam os seus rendimentos diminuídos pelo aumento dos encargos patronais sem beneficiarem, em contrapartida, das garantias da Previdência.

9 Cf. *Quadro n.º 11*, p. 69, sobre *População Activa com Profissão, Segundo o Ramo de Actividade.* Estávamos em 1974, antes do 25 de Abril, e com a emigração aberta para todos os países.
10 Em 1974 havia uns 13 estudantes para além da instrução primária.

A gente de Vilarinho faz o estradão

Os Furnenses transportam os seus haveres

9.2. Enquadramento na conjuntura

Se o caso de Vilarinho pode ser considerado único pelos circunstancialismos que o rodearam, ele não é isolado no que se refere à transparência de trabalhadores rurais para outros sectores, adentro do espaço continental português.

As estatísticas são, a esse respeito, bastante concludentes, tanto a nível do concelho de Terras de Bouro como a nível dos distritos de Braga e de Viana do Castelo, por onde os habitantes de Vilarinho se distribuíram, como ainda a nível de Portugal Continental. Em *quadro anexo* se mostram as variações percentuais da *População Activa com Profissão, Segundo o Ramo de Actividade,* com base nos recenseamentos populacionais de 1950, 1960 e 1970, tal como foi possível calculá-los a partir dos dados fornecidos pelo *Instituto Nacional de Estatística,* em 1974[11].

Assim, a nível do concelho de Terras de Bouro, constata-se que o sector primário é de longe o predominante, tanto em 1950 como em 1960, apresentando o secundário e terciário percentagens muito baixas. Nem outra coisa seria de esperar se atendermos a que o concelho apresenta uma estrutura económica fundamentalmente agrícola. No entanto, de 1950 para 1960 houve uma diminuição de 6,90 por cento da população ligada ao sector primário e um aumento de 3,78 por cento no sector secundário, e de 1,84 por cento no sector terciário. Para o ano de 1970, essa tendência acentuou-se ainda mais. O fenómeno deve ter a sua principal explicação no exôdo agrícola devido à emigração e à mutação da população entre os diversos sectores.

Como seria de prever, as percentagens das pessoas do sexo masculino são superiores às do sexo feminino em todos os sectores, e as variações também são mais notórias entre os homens que entre as mulheres. Mas onde a predominância do sexo masculino é maior é no sector primário. Já no sector terciário a diferença é apenas de cerca de três por cento, tanto em 1950 como em 1960, devido ao facto de muitos indivíduos do sexo feminino desde há muito exercerem entre nós funções nos serviços administrativos.

Pelo que respeita ao distrito de Braga, por onde se distribuíram cerca de 84 por cento das famílias de Vilarinho da Furna, a situação é semelhante. Há uma nítida diminuição de 15 por cento da população ligada ao sector primário entre os anos de 1950 e 1970, compensado por um aumento de 10,55 por cento no sector secundário e uma quase estabilidade no sector terciário. Apesar de tudo, o sector primário é ainda o sector mais representativo, com 31,45 por cento da população activa com profissão, em 1970.

Quanto ao distrito de Viana do Castelo, para onde foram seis famílias de Vilarinho, a situação é um pouco diferente. De facto, além de apresentar valores bem mais elevados que o distrito de Braga, as oscilações são pouco sensíveis no sector primário: 64,74 por cento em 1950; 61,65 por cento em 1960; e 63,35 por cento em 1970. E, no que respeita aos outros sectores, há um ligeiro aumento de 4 por cento no sector secundário, entre 1950-60, para diminuir depois 2,55 por cento entre 1960-70; enquanto no sector terciário

11 Cf. *Quadro n.º 11,* sobre *População Activa com Profissão, Segundo o Ramo de Actividade,* p. 69.

se dá uma diminuição de 2,47 por cento entre 1950-70. A explicação do facto das elevadas percentagens e pequenas oscilações no sector primário está, creio eu, principalmente no desenvolvimento das actividades piscatórias, marítimas e fluviais, em todo o distrito. Pelo que, acerca do trabalho agrícola, os números não podem ser totalmente concludentes.

Um último confronto poder-se-á fazer com o espaço continental português entre os anos de 1950-1960, onde se nota uma diminuição global de 48,35 por cento para 42,55 por cento no sector primário, acompanhada de um aumento de 24,60 por cento para 28,29 por cento no sector secundário e, finalmente, de 26,87 por cento para 28,03 por cento no sector terciário. Os valores para 1970 mostrar-nos-iam que esta tendência geral se mantém.

Destes diversos termos da amostragem parece não deixar dúvidas o abandono progressivo do sector primário, nomeadamente da agricultura, com o consequente aumento da população ligada aos outros sectores. E a este processo de transformação não foi indiferente o caso dos *Desenraizados de Vilarinho da Furna*. De tal processo beneficiaram, em parte, na compra dos seus minifúndios para se fixar, numa primeira etapa. E dele começaram a suportar as consequências que outros já haviam suportado antes.

QUADRO N.º 11

População Activa com Profissão, Segundo o Ramo de Actividade

Fonte: J.N.E., *IX Recenseamento Geral da População*, 1950, T. III, Vol. I.
X Recenseamento Geral da População, 1960, T. V., Vol. III.
XI Recenseamento Geral da População, 1970, Estimativas a 20%, Vol. II.

Ano	Espaço	Sector			
		Primário %	Secundário %	Terciário %	Mal definida %
	Terras de Bouro	H. 68,98	6,35	7,64	—
		M. 12,03	0,85	4,15	—
		H.M.81,01	7,20	11,80	—
	Braga	H. 36,74	23,51	9,58	—
		M. 9,79	11,51	8,63	—
1950		H.M.46,53	35,02	18,21	—
	Viana do Castelo	H. 47,13	14,86	9,82	—
		M. 17,61	1,99	8,49	—
		H.M.64,74	16,84	18,30	—
	Continente	H. 40,49	19,13	16,92	—
		M. 7,85	5,47	9,95	—
		H.M.48,35	24,60	26,87	—

Ano	Espaço	Sector			
		Primário %	Secundário %	Terciário %	Mal definida %
	Terras de Bouro	H. 65,15	10,25	8,73	1,25
		M. 8,59	0,72	4,92	0,02
		H.M.74,11	10,98	13,64	1,27
	Braga	H. 35,27	29,72	10,68	0,66
		M. 5,55	9,57	8,50	0,02
1960		H.M.40,83	39,29	19,18	0,68
	Viana do Castelo	H. 47,16	18,92	9,60	0,42
		M. 14,48	1,92	7,44	0,01
		H.M.61,65	20,85	17,05	0,43
	Continente	H. 39,21	23,53	18,07	0,48
		M. 3,34	5,35	9,95	0,03
		H.M.42,55	28,89	28,03	0,52
	Braga	H. 21,35	30,01	11,66	2,59
		M. 10,10	15,56	7,10	1,63
1970		H.M.31,45	45,57	18,76	4,22
	Viana do Castelo	H. 32,95	15,77	10,25	1,52
		M. 30,41	2,53	5,67	0,89
		H.M.63,35	18,30	15,93	2,41

9.3. A Barragem de Vilarinho da Furna — dados técnicos

A *Barragem de Vilarinho da Furna*[12] situada no rio Homem, a cerca de 600 m a montante da confluência com o ribeiro de Gemesura, cria uma albufeira que atinge a área inundada de 336 hectares.

As principais características são:

— Altura máxima .... 94 m
— Desenvolvimento total do coroamento .... 384,5 m
— Raio de curvatura do arco de coroamento
 no fecho .... 145 m
— Espessura máxima no perfil do fecho .... 15,85 m
— Espessura da base do perfil do fecho .... 13 m
— Volume total de betão .... 294 000 m³

---

12 Extraído e adaptado, com a devida vénia, da brochura *VILARINHO DAS FURNAS* — Aproveitamento hidroeléctrico da Companhia Portuguesa de Electricidade — CPE — SARL, Maio/1972.

A descarga de fundo da albufeira localiza-se numa zona inferior da cúpula à cota (484,50), sendo constituída por uma conduta metálica de 2,80 de diâmetro, equiparada a montante com uma comporta de lagartas cuja casa de manobras se situa ao nível do coroamento, ligada a este por um passadiço e, a jusante, com uma válvula dispersora. A sua capacidade de vasão, com a albufeira ao nível máximo, é de 180 m^3 s^{-1}.

O caudal a turbinar é conduzido da albufeira criada pela barragem de Vilarinho da Furna para a Central do Gerês, situada na margem da albufeira de Caniçada, no rio Cávado, através de um extenso circuito hidráulico com o comprimento total de 7,6 Km.

A bacia hidrográfica do rio Homem, cujas afluências alimentam directamente a albufeira, tem um área de 59 Km^2; mediante captações e obras de derivação adequadas a albufeira é ainda alimentada pela afluência das seguintes bacias hidrográficas secundárias:

— Bacia de Brufe, afluente da margem direita do Homem, com 6 Km^2.
— Bacia do ribeiro de Gemessura, igualmente afluente da margem direita do Homem, com 2 Km^2.
— Bacia do ribeiro do Campo do Gerês, afluente da margem esquerda do Homem, com 8 Km^2.
— Bacia do ribeiro de Freitas, com 2 Km^2.

ampliando, assim, a bacia hidrográfica da albufeira de Vilarinho da Furna para 77 Km^2.

A Central e subestação 10/150 Kv, incluindo as dependências para as oficinas e armazéns, sala do grupo diesel e o edifício 30 Kv, estão construídos numa plataforma situada na margem da albufeira de Caniçada, à cota de 154.

Na Central situa-se a sala de máquinas e o átrio de montagem que são servidos por uma ponte rolante de 130 toneladas. Os grupos turbo alternadores são instalados em poços independentes cujo bordo superior intersecta o piso da sala de máquinas à cota (154).

A Central de Vilarinho da Furna é, em exploração normal, comandada à distância a partir da Central de Caniçada, isto é, a cerca de 7 Km de distância.

As funções de telecomando, tele-sinalização e telemedida são efectuadas por intermédio de um sistema de teletransmissão de altas frequências por correntes portadoras da linha de 150 Kv.

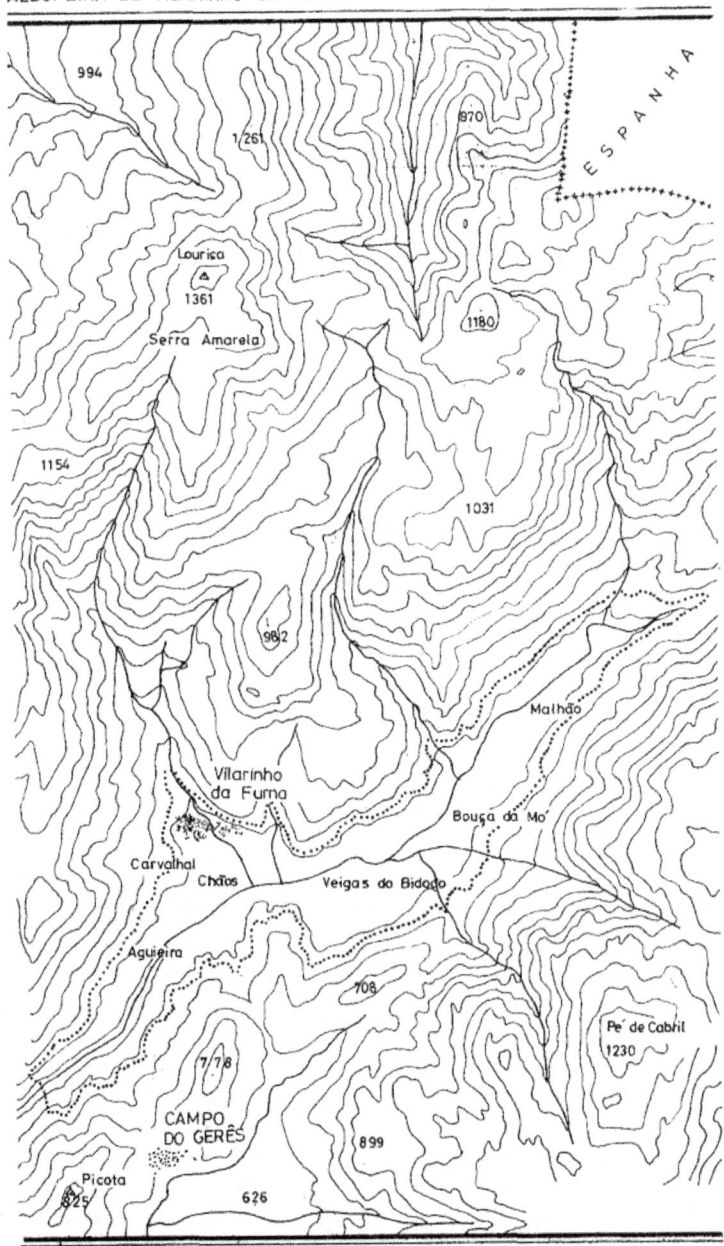

Fonte: Gladys Novaes — ibid.

10. VILARINHO DA FURNA — A ALDEIA QUE JÁ SÓ VIVE NO CELULÓIDE

Vilarinho da Furna morreu. A água que era a vida da povoação transformou-se na sua morte. Tal é a tese que ressalta do filme-documentário *Vilarinho das Furnas,* realizado por António Campos, a quem dei toda a colaboração, e que há anos foi estreado em Lisboa.

Filme em 16 mm, com uma geralmente boa fotografia a preto e branco, retrata ao vivo a rudeza da serra agréste que moldou os caracteres de um povo que encontrara no velho sistema comunitário o melhor meio de sobrevivência.

É a luta desse povo escondido nas ribas do Homem, numa vasta bacia definida pelos contrafortes da Amarela e do Gerês, que António Campos, com uma rara sensibilidade artística, que em nada atraiçoa o realismo da existência, condensou em noventa minutos que evocam séculos de história.

Nada escapou ao olhar perspicaz do realizador, que, não obstante a carência de meios com que lutou, conseguiu fazer um filme equilibrado, realista, autêntico. Esta nota de autenticidade perpassa por todo o filme e é ainda mais acentuada pela voz do Aníbal Pereira, um homem do povo que, sem textos prefabricados, introduz o espectador, com a simplicidade da sua filosofia, na vida daquela comunidade *sui generis* que passa pelo *écran* em sequências variadas. Pena é que a sua voz nem sempre acompanhe o ritmo da imagem, andando por vezes os dois elementos um pouco dissociados. Mas antes isto do que substituir a voz do povo. António Campos preferiu ouvi-la e deixar que nós a ouvíssemos. E fez bem. Mesmo aos pontapés à gramática — se é que não é esta que dá pontapés à língua — o povo sabe dizer verdades como punhos. É só deixá-lo falar, saber escutá-lo, permitir que ele seja igual a si mesmo. E o povo de Vilarinho foi-o ao viver o seu dia-a-dia numa luta constante contra a natureza para lhe arrancar o sustento amassado com o suor do seu rosto; na calorosa recepção ao governador do distrito, que não se furtou a ver as misérias e ouvir os protestos de toda uma população expulsa da sua terra, Deus sabe — e eu também — em que condições; na animada discussão com o abade que, à falta de argumentos ditatorialmente mais convincentes, ameaça com castigos do arcebispo; enfim, nas suas manifestações religiosas, com certos ressaibos de paganismo, que facilmente se desculpa a este povo simples por sabermos que não é ele o único responsável.

Tudo isto viu e seleccionou a objectiva de António Campos para nos mostrar (numa montagem bastante perfeita em que apenas destoam alguns compassos de espera, de efeito discutível, na ligação de uma ou outra sequência) a vida de Vilarinho da Furna nos seus esquemas do passado e problemas do presente, aliás também passados, porque Vilarinho é agora uma aldeia afundada pelo manto mortífero das águas.

Mas, embora já se oiça o coaxar das rãs e o crocitar agoirento dos corvos, felizes com a morte que se esconde para além das comportas da barragem, não deixa de ser uma confortável certeza, pelo menos para quem se tem debatido pela salvaguarda do património etnográfico de Vilarinho da Furna, saber que Vilarinho continuará presente na memória dos homens graças aos pedaços de vida esteticamente gravados no celulóide pela mão artística de um jovem realizador.

11. PARA A SALVAGUARDA DO PATRIMÓNIO ETNOGRÁFICO DE VILARINHO DA FURNA

A aproximação do termo da construção da barragem que vinha pôr fim à aldeia comunitária mais portuguesa levou-me a estabelecer o maior número possível de contactos com as entidades responsáveis pela salvaguarda do património cultural português. Nesse sentido encetei conversações com a Câmara Municipal de Terras de Bouro, Parque Nacional da Peneda-Gerês, Centro de Antropologia Cultural, Secretaria de Estado da Informação e Turismo, Fundação Calouste Gulbenkian, Governo Civil de Braga, Junta Distrital de Braga, Companhia Portuguesa de Electricidade, etc.

Todos os esforços foram poucos para levar por diante esta iniciativa, durante vários anos estacionária devido à conjuntura político-económica existente no nosso país. O futuro dirá como se poderão superar todos os obstáculos que se deparam, venham eles de onde vierem.

Para que os leitores façam uma pequena ideia das diligências desenvolvidas no sentido da salvaguarda do património em causa, aqui dou a lume alguma da principal correspondência trocada para suscitar e dar apoio à construção do MUSEU ETNOGRÁFICO DE VILARINHO DA FURNA.

Uma das primeiras *démarches* efectuadas foi a formação de uma *Comissão Organizadora do Museu*. Esta Comissão, formada por três elementos, fora constituída e oficializada por parte da Junta Distrital de Braga, na sessão de 8/8/1969, presidida pelo Dr.Teotónio Rebelo de Andrade e Castro, sob proposta do Exm.º presidente da Câmara Municipal de Terras de Bruno, ficando com a seguinte constituição:

— Dr. Fernando Adelino Faria Ferreira — presidente da Câmara Municipal de Terras de Bouro.
— Rev.º Cónego Arlindo da Cunha — vice-presidente da Junta Distrital de Braga.
— Dr. Manuel de Azevedo Antunes, o autor deste livro.

Nessa mesma sessão fora atribuída à Comissão designada um subsídio de 10 000$00 para o arranque das obras do Museu.

O Governo Civil de Braga, que também viu com entusiasmo a ideia da criação do Museu, ofereceu por essa altura um subsídio de 1000$00; e o então Secretariado Nacional da Informação, Cultura Popular e Turismo, 5000$00. Estávamos em 1968/69. ·

Da parte da *Hidroeléctrica do Cávado* (HICA), posterior *Companhia Portuguesa de Electricidade* (CPE) e actual *Electricidade de Portugal,* (EDP), ainda nada se recebeu e, durante vários anos, esta Companhia manteve em arquivo o projecto do Museu, da autoria do Arq.º Rosado Correia, apesar de, mais do que qualquer outra entidade, ter obrigação de o construir. Felizmente, neste momento, o *Museu Etnográfico de Vilarinho da Furna* está já a ser feito a expensas da Câmara Municipal de Terras de Bouro que, superando todas as dificuldades, em boa hora chamou a si a responsabilidade da construção do Museu, que se prevê venha a ser, num futuro relativamente próximo, um importante centro de investigação e cultura, com as necessárias infra-estruturas.

12. DOCUMENTOS EM ARQUIVO

— Sob este título pretendo apresentar uma colectânea de textos de correspondência seleccionada que traduz ao vivo, melhor do que qualquer outra forma, o conjunto de problemas que se puseram ao povo de Vilarinho no momento em que este teve de abandonar a sua terra, bem como os esforços desenvolvidos no sentido da salvaguardar o seu património cultural.

12.1. Ao Povo de Vilarinho da Furna

Carcavelos, 19 de Dezembro de 1968

Prezados Conterrâneos,

Com cordiais saudações e votos de Feliz Natal, aproveito este meio para vos pôr ao corrente do plano elaborado para salvaguardar o nosso património etnográfico.

Como há cerca de quatro meses tive oportunidade de dizer a alguns de vós, é necessário que fique para a posteridade uma recordação duradoira da nossa terra para interesse do turista, do etnólogo e de nós próprios quando, porventura, por cá passarmos. Para isso, além da transladação da Capela e Calvário para um local conveniente a determinar de acordo com a vossa vontade expressa, julgo que o melhor que se poderá fazer será:

1 — Construir um Museu Monográfico onde se encontrem recolhidos e convenientemente expostos os objectos mais representativos da vida e cultura da nossa povoação. Na medida do possível, a recolha dos objectos será feita em duplicado a fim de ser levado um exemplar para o Museu de Etno-

logia do Ultramar, em Lisboa, de que é director o Exm." Prof. Doutor Jorge Dias, e ficar outro no Museu de Vilarinho. Quanto às instalações do Museu, ainda é um problema a resolver, pois tanto poderá ser em casa expressamente construída com essa finalidade, como na própria actual Pousada da HICA, no caso desta companhia estar disposta a cedê-la à Secretaria de Estado da Informação e Turismo.

2 — Realizar um filme-documentário sobre os nossos costumes e moldes de vida, ficando uma cópia permanentemente no Museu. Posso informar que a Secretaria de Estado da Informação e Turismo já assumiu a responsabilidade da realização do filme, vindo no próximo Verão iniciar as filmagens.

3 — Adquirir para o Museu um exemplar da monografia da nossa terra da autoria do Prof. Jorge Dias e outra bibliografia sobre a região. Já está assegurada essa monografia por gentil oferta do autor.

4 — Fazer uma gravação dos contos, canções, Junta, «benzeduras» mágico-supersticiosas, etc. típicas da nossa terra, ficando uma cópia no Museu. Como sabeis, já iniciei este trabalho que tenciono continuar.

Este é, nas suas linhas gerais, o plano que eu já propus à Secretaria de Estado da Informação e Turismo, Fundação Calouste Gulbenkian, Direcção da HICA, e ao Exm.º Prof. Jorge Dias com cuja equipa de colaboradores já tive dois encontros. De todos, à excepção da HICA, de quem continuo a aguardar resposta, já recebi a melhor compreensão e promessa de apoio moral e material na medida das suas possibilidades. Apresento-o também agora mais uma vez e melhor definido a todos vós, certo da vossa colaboração, sobretudo no que respeita à cedência dos objectos e disponibilidades para a realização do filme. Por isso, peço-vos de um modo especial muito penhoradamente que não vos desfaçais dos objectos mencionados por dádiva ou venda a qualquer outro interessado em os obter, na certeza de que não vos arrependereis.

Agradeço-vos também qualquer outra sugestão construtiva que me queirais dar, tanto no referente a este como a outros assuntos, assim como me ponho à vossa disposição para todo e qualquer esclarecimento e auxílio que esteja dentro das minhas possibilidades.

Com os meus reconhecidos cumprimentos sou, ao vosso dispor,

a) Manuel Antunes

12.2. Carta ao Governo Português

Exm.º Sr.
Prof. Dr. Marcelo Caetano
Digm.º Presidente do Conselho de Ministros
Largo das Cortes — *Lisboa 2*

Excelência,
Com os nossos respeitosos cumprimentos, nós abaixo assinados, representantes dos habitantes de VILARINHO DA FURNA, ousamos vir por este meio solicitar o interesse de V. Ex.ª e, por seu intermédio, do Exm.º Governo Português, para um conjunto de problemas referentes à nossa povoação.
Como é do conhecimento de V. Ex.ª, desde há tempos que a HICA (Hidroeléctrica do Cávado — SARL) vem aqui trabalhando na construção de uma barragem que, dentro de dois anos, transformará a nossa amada terra numa extensa albufeira. Tal como tem acontecido a muitas outras povoações, também esta pequena aldeia, durante séculos escondida entre as faldas da Amarela e do Gerês, vai agora desaparecer, vítima do progresso e das exigências do bem comum. Não discutimos a necessidade nem tão-pouco a legitimidade de tal empreendimento. Discutimos, sim, o modo desumano como estamos a ser tratados pela HICA.
São muitos e variados os aspectos em que essa atitude se reflecte. Começando pelo mais importante, apontamos em primeiro lugar o problema das expropriações. É simplesmente lamentável o incompreensível atraso em que se encontra a avaliação das nossas propriedades. Na verdade, estando nós a pouco mais de um ano da hora da dispersão em que cada família terá de partir, sabe Deus para onde e em que circunstâncias, dificilmente poderemos compreender que neste momento ainda não possamos tomar qualquer previdência quanto ao nosso futuro, precisamente por causa dessa inexplicável morosidade das expropriações. Desculpa-se a HICA dizendo que esse atraso resulta da dificuldade na diferenciação das respectivas matrizes. Desculpa tão ingénua quão caricata! Com efeito, se a dificuldade é só essa, porque é que o senhor engenheiro avaliador tem de fazer interrupções tão frequentes e espaçosas e não aumentam os funcionários consultores dos livros de matrizes? Aliás, supomos que não é a primeira vez que a HICA depara com tais «dificuldades», pois já anteriormente construiu muitas outras barragens, quiçá em bem mais difíceis circunstâncias...
Em segundo lugar, merece especial relevo o problema da estrada de cujos benefícios Vilarinho não conseguiu gozar até hoje. De facto, a única estrada existente na região, feita há anos pelos Serviços Florestais, fica a cerca de 4 Km da povoação. As vias de acesso à aldeia foram única e exclusivamente construídas e reparadas desde tempos imemoriais pelos habitantes de Vilarinho. Era, pois, de esperar, ao menos agora nos últimos dias da sua existência, uma estrada para que nós pudéssemos tirar todo o nosso material. Verdade se diga que a HICA começou por ter isto em consideração,

chegando mesmo a rasgar um grande troço de uma pretensa estrada que, afinal, não passa de um caminho mal acabado, em nada servindo os interesses da povoação. Isto principalmente por duas razões:

— Primeiro, porque ainda não chega ao lugar. Importa, porém, dizer-se que não é só nem sobretudo à HICA que se devem atribuir as culpas, pois que elas devem ser também partilhadas por um dos nossos vizinhos que se opôs, com uma pretensão exagerada, a que a estrada passasse por um dos seus campos sem primeiro ser feita a avaliação definitiva de todas as suas propriedades. Todavia, isto é perfeitamente compreensível se atendermos a que esse senhor estava um pouco de «pé atrás» contra a companhia por esta haver passado com a estrada através de vários terrenos de outros nossos vizinhos que ainda hoje esperam pela indemnização dessas propriedades. Acrescente-se ainda o já então imperdoável atraso das expropriações.

— Em segundo lugar, o traçado dessa estrada parece-nos totalmente descabido. Na verdade, não compreendemos porque é que essa estrada tomou a direcção da Bouça da Mó quando é certo que, saindo, por exemplo, da Guarda com rumo à Ponte do Couço ou ao Porto do Vidodo (é aqui que ela termina presentemente), passando através da Cal e Gavião, não estragaria tanto terreno, seria talvez mais fácil de fazer e, principalmente, ficava com muita maior utilidade. Assim, os poucos a ser beneficiados serão aqueles que, ao ter de abandonar a terra que os viu nascer, estejam decididos a tomar o caminho de Espanha!...

Um outro assunto que possivelmente virá também a constituir problema, embora para já não seja um problema real e efectivo, é a indemnização do monte que pertence ao lugar de Vilarinho. Ignoramos qual seja o critério que a HICA irá adoptar. No entanto, aproveitamos para lembrar que é nosso desejo, uma vez que poucos ou nenhuns de nós por cá ficarão, que o monte seja avaliado e indemnizado tal como as outras propriedades, isto é, tomando como base o número de metros que ele possa ter e o seu rendimento aproximado, dividindo depois a quantia em que for avaliado equitativamente por cada um dos 51 ou 52 contribuintes que anualmente pagam por ele a sua contribuição.

Agradecíamos também que a HICA tomasse as devidas providências para que fossem salvaguardados os monumentos públicos cá existentes (capela, calvário, etc.), transportando-os para um local conveniente a determinar de acordo com a vontade expressa dos habitantes de Vilarinho. O mesmo se diga da salvaguarda do nosso património etnográfico, hoje conhecido em todo o País graças ao valioso trabalho do Prof. Jorge Dias publicado em 1948 com o título VILARINHO DA FURNA — Uma Aldeia Comunitária. *Para isso seria conveniente que a HICA colaborasse na iniciativa da construção de um Museu Monográfico e na realização de um filme-documentário sobre os nossos costumes e moldes de vida, iniciativa que um dos filhos desta terra teve a feliz ideia de lançar e já se encontra apoiada por várias entidades altamente responsáveis pela cultura portuguesa: Secretaria de Estado da Informação e Turismo, Fundação Calouste Gulbenkian, Centro de Estudos de Etnologia Peninsular, Centro de Antropologia Cultural, e o próprio Prof. Jorge Dias com a sua equipa de colaboradores.*

Sem outro assunto de momento, sumamente gratos por toda a atenção que V. Ex.ª e Digm.º Governo Português dispensar em benefício desta aldeia portuguesa entre as mais portuguesas, nos subscrevemos com o maior respeito e consideração,

de V. Ex.ª
muito atenciosamente,

Vilarinho, 1 de Dezembro de 1968

Pelo Povo de Vilarinho
(seguem-se as assinaturas do «Zelador» e dos «Seis»)

NB. Escusado será dizer que nunca o povo de Vilarinho teve resposta a esta carta. — M.A.

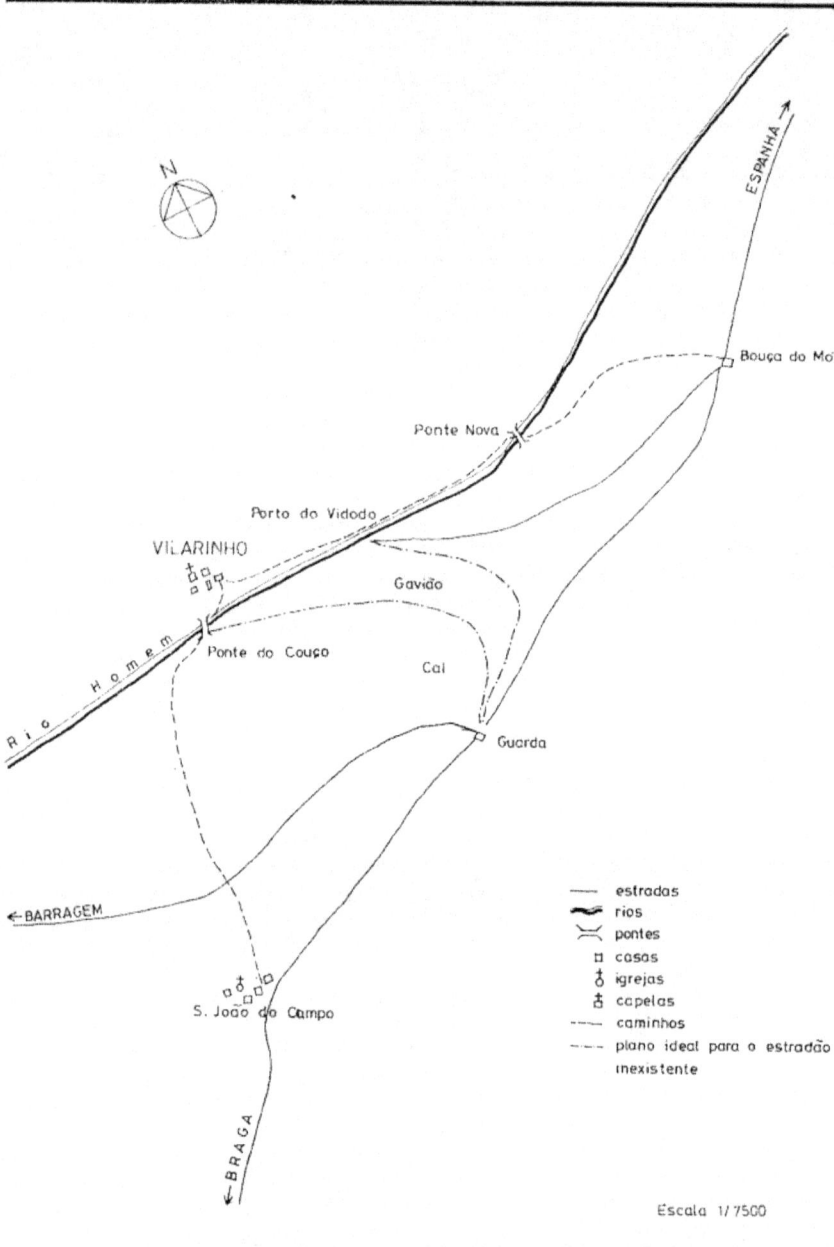

N

ESPANHA →

Bouça do Mo

Ponte Nova

Porto do Vidodo

VILARINHO

Gavião

Ponte do Couço

Cal

Rio Homem

Guarda

← BARRAGEM

S. João do Campo

BRAGA
↓

— estradas
— rios
⟩⟨ pontes
⊓ casas
♂ igrejas
♀ capelas
---- caminhos
-·-·- plano ideal para o estradão
        inexistente

Escala 1/7500

12.3. Correspondência com a Fundação Calouste Gulbenkian

Da vasta correspondência trocada com a Fundação Calouste Gulbenkian destacamos:

Carcavelos, 25 de Outubro de 1968

Exm.º Sr.
Dr. Azeredo Perdigão
Digm.º Presidente do Conselho de Administração da
Fundação Calouste Gulbenkian
Av. de Berna, 45A

Lisboa 1

Excelência,

Com os mais respeitosos cumprimentos e sabendo do alto apreço em que tem todas as iniciativas culturais, ouso vir solicitar o interesse de V. Ex.ª e, por seu intermédio, da Digm.ª Fundação Calouste Gulbenkian para um assunto científico-cultural que eu reputo de bastante grande importância.

Refiro-me concretamente à salvaguarda do património etnográfico de VILARINHO DA FURNA, pequena aldeia situada no extremo NE do concelho de Terras de Bouro, num extenso vale definido pelas faldas da Amarela e do Gerês, e que, neste momento, vê chegados os últimos dias da sua existência.

Na verdade, como deve ser do conhecimento de V. Ex.ª, desde há tempos que a HICA (Hidroeléctrica do Cávado — SARL) vem lá trabalhando na construção de uma barragem que se prevê terminada em princípios de 1971. Até aqui tudo normal e nada justificaria esta minha exposição: como esta muitas outras povoações têm desaparecido, vítimas do progresso e das exigências do bem comum. Todavia, há no caso de Vilarinho algo de invulgar. Assim o compreendeu um dos nossos maiores etnólogos — o Prof. Jorge Dias — quando encontrou em Vilarinho da Furna uma relíquia da velha organização comunitária hoje agonizante mas outrora muito difundida na Europa. E tanto bastou para que o ilustre etnólogo lhe consagrasse uma monografia (tese do seu doutoramento em Munique), publicada em 1948 com o título Vilarinho da Furna — Uma Aldeia Comunitária.

É precisamente a invulgaridade do caso de Vilarinho que me leva a escrever a V. Ex.ª no intuito de lhe comunicar um plano de salvaguarda da riqueza etnográfica desta povoação e de pedir a colaboração da benemérita Fundação Calouste Gulbenkian. Sem esquecer o amor filial que me prende a essa terra agreste engastada entre montanhas, este plano é, sobretudo, fruto do entusiasmo de alguém que sente uma predilecção especial pelas ciências etnológicas em que está a dar os primeiros passos.

Eis o programa de trabalhos nas suas linhas fundamentais:

1) Construção de um Museu Monográfico exclusivamente dedicado a Vilarinho da Furna. Poderia, no entanto, ter algumas dependências destinadas a certos motivos regionais de maior interesse que não fossem de Vilarinho. Em apêndice anexo envio uma lista do possível inventário dos objectos. Esse Museu ficaria situado nas proximidades da povoação de Vilarinho, em instalações a construir com esse fim ou em casa já construída e para isso adaptada. A este propósito ocorre-me dizer que, tendo falado disso ao Sr. Engenheiro do Estado responsável pelo Laboratório de Engenharia Civil lá existente em representação do Ministério das Obras Públicas, sugeriu-me ele o aproveitamento da Pousada já edificada pela HICA em S. João do Campo, sede da freguesia a que pertence Vilarinho da Furna. Todavia, como ainda não entrei em contacto com a Direcção da HICA a esse respeito, embora o tencione fazer brevemente, nada de concreto posso dizer a V. Ex.ª. Apesar de tudo, já propus à Secretaria de Estado da Informação e Turismo a obtenção dessa Pousada no caso da HICA não estar interessada em continuar lá com ela após a construção da barragem, o que significaria um grande passo para o desenvolvimento do turismo na região geresiana.

2) Realizar um filme-documentário sobre os costumes e moldes de vida do povo de Vilarinho, ficando uma cópia permanentemente no Museu. Se tivesse meios de trabalho suficientes, eu próprio me encarregaria de fazer as filmagens e o texto para a sonorização do filme.

3) Adquirir para o Museu um exemplar da monografia de Vilarinho da autoria de Jorge Dias. Poder-se-ia fazer um trabalho crítico e complementar dessa monografia, assim como adquirir mais bibliografia sobre a região.

4) Fazer uma gravação das canções, contos, «Junta», «benzeduras» mágico-supersticiosas, etc., típicas de Vilarinho, ficando também uma cópia no Museu. Posso informar que eu próprio já iniciei este trabalho.

Este é o primeiro esboço de um programa de trabalho que importaria ser tido em consideração, estudado, criticado, aperfeiçoado, em vista da realização a iniciar-se o mais breve possível.

No que respeita à recolha de objectos, eu mesmo me responsabilizarei por isso desde que haja instalações condignas para os recolher e expor. Já falei disso ao povo de Vilarinho e todos concordam em colaborar nesse sentido. Todavia, começou já a fazer sentir-se uma dificuldade: o interesse de muitos coleccionadores particulares endinheirados que ameaçam obter as peças mais valiosas. Para lhes fazer frente acho oportuno destinar para isso um certo subsídio que apenas se utilizaria caso não fosse possível obter os objectos gratuitamente.

Se a Secretaria de Estado de Informação e Turismo aceitar a responsabilidade das instalações do Museu como eu lhe sugeri, penso que o melhor contributo que a Digm.ª Fundação Calouste Gulbenkian poderia dar a este empreendimento científico-cultural seria a concessão do referido subsídio para a obtenção e transporte dos objectos, caso fosse necessário, a aquisição de uma máquina de filmar e projectar, e todas as despesas de gravação, filmagens e fotografias. Esse orçamento poderia andar, para começar, por volta de uns 40 000$00.

Mesmo que a Secretaria de Estado da Informação e Turismo não queira ficar com aquela incumbência, o subsídio será sempre oportuno, pois espero que a HICA, em última instância, aceite o encargo da construção do Museu, assim como está decidida a tomar providências para salvaguardar algumas construções arquitectónicas do lugar de Vilarinho, v. gr.a capela, calvário, etc. Todavia, como de entre as muitas barragens que têm sido construídas é a primeira vez que se lhe põe o problema da edificação de um Museu, penso que não será fácil à HICA subsidiar o seu apetrechamento.

De qualquer maneira, se outros motivos não houvesse, creio que a maior facilidade com que se poderá vir a alcançar o objectivo pela colaboração mútua de várias entidades seria suficiente para justificar este meu apelo dirigido a diversas organizações entre as quais está a benemérita Fundação Calouste Gulbenkian que, como sempre que está em jogo o interesse da ciência, não deixará de dar todo o seu apoio a esta iniciativa.

Sem outro assunto de momento, manifestando, todavia, o desejo de uma entrevista com V. Ex.ª, se assim o julgar oportuno, para tratarmos mais pormenorizadamente deste problema, subscrevo-me com o máximo respeito e reconhecimento, disposto a dar a V. Ex.ª toda a minha humilde colaboração em prol da ciência e da cultura, e aguardando a gentileza de uma resposta,

de V. Ex.ª
muito atenciosamente
a) Manuel de Azevedo Antunes

INVENTÁRIO DOS OBJECTOS
PARA O
MUSEU ETNOGRÁFICO DE VILARINHO DA FURNA

1.º — maqueta da povoação

2.º — fotografias

3.º — objectos

monelhas	masseiras	rendas
panelas	marcas de gado	objectos de cozinha
estátuas	marcadores de manteiga	cestos
abanadores	lançadeiras e todos	carros de bois
colheres	os apetrechos de tear	polainas
lanternas	grades	cardas
pás de forno	pá de moinho	cadeiras
sacholas, enxadas	instrumentos de música	alminhas
ferros	chaves	escanos
vestuário	cancelas	potes
louça	portelos	camas
coroças	moinho com todos	bancos
arcas	os apetrechos	chocalhos
padiolas (= carretas)	mascotos	arados
ancinhos	foles	cortiços
pratos de manteiga	caneleiros de pé e de mão	gadanhas
jugos	foicinhas	foices
teares	tralhos	pedras de afiar
tamancos	tesões	gadanhas
canecas	roda de fiar	malhas
pesos	taleigos	cabaças
mantas	louceiros	remédios populares
relógio do sol	caixotes do sal	mó da antiga fábrica
caneleiros	galheiros	de vidro
sarilhos	foucinhão	cremalheiras
	caldeira e rodilha	lavatórios
		relógios de bolso
		relógios de sala
		alambique

4.º — motivos cinegéticos da região

Carcavelos, 25 de Outubro de 1968

a) *Manuel Antunes*

Fundação Calouste Gulbenkian
Serviço de Belas-Artes
Proc. N. Ref. N.º 1463/ba/69

Lisboa, 29 de Maio de 1969

Exm.º Sr.,

Acuso a recepção da carta que V. Ex.ª dirigiu ao Senhor Director-Adjunto do Serviço de Belas-Artes.

Cumpre-me informá-lo de que o seu pedido continua em estudo para decisão ulterior. Quanto à realização do filme-documentário, proposta também inicialmente apresentada por V. Ex.ª, muito agradecia que me informasse, como do teor da sua carta parece depreender-se, se V. Ex.ª desiste da sua pretensão em favor do senhor António Campos, que já submeteu o seu projecto a esta Fundação. Essa indicação ser-nos-á útil para decisão, igualmente ainda não tomada, sobre a proposta do senhor António Campos.

Cumpre-nos contudo reiterar que não está por enquanto estabelecido, nem com V. Ex.ª nem com o senhor António Campos, qualquer compromisso, mesmo de princípio, por parte de esta Fundação.

Apresento a V. Ex.ª os meus melhores cumprimentos.

SERVIÇO DE BELAS-ARTES
a) João Bénard da Costa

Exm.º Sr.
Manuel de Azevedo Antunes
Torre d'Aquilha — Carcavelos

Da troca de correspondência com a *Fundação Calouste Gulbenkian* resultou como positivo o subsídio para a realização do filme-documentário *Vilarinho das Furnas*, realizado por António Campos, para o qual tive oportunidade de dar toda a colaboração ao meu alcance. O filme foi um êxito nos diversos festivais por onde passou. A ele já me referi um pouco demoradamente em capítulo anterior: — *Vilarinho da Furna — A aldeia que já só vive no celulóide.* A nossa imprensa também não o esqueceu, traçando-lhe os mais rasgados elogios.

12.4. Correspondência com o Centro de Antropologia Cultural

— Dessa múltipla correspondência destaco apenas a resposta de apoio.

CENTRO DE ESTUDOS DE ANTROPOLOGIA CULTURAL

Lisboa, 2 de Dezembro de 968

Exmo. Sr.
Manuel de Azevedo Antunes
Torre d'Aguilha
Carcavelos

Com os nossos agradecimentos, respondo à carta de V. Ex.ª de 25 do mês findo. Foi com grande satisfação que tomei conhecimento do acolhimento favorável que teve o pedido relativo ao futuro Museu Monográfico de Vilarinho da Furna, por V. Ex.ª dirigido à Fundação Calouste Gulbenkian e cujo teor pormenorizado, aliás, não conheço. Conforme, por intermédio dos meus colaboradores no Centro de Estudos de Antropologia Cultural, tive ocasião de lhe dizer que estava nos nossos planos levar a efeito uma recolha tão completa quanto possível dos objectos que representem a vida e a cultura de Vilarinho da Furna, a fim de o incluir no Museu de Etnologia do Ultramar, que nos parece, sem dúvida, o mais adequado para o efeito, e aquele em que esses objectos adquirem maior projecção científica. A ideia de V. Ex.ª de organizar o Museu de Vilarinho da Furna vai, pois, de par com a nossa: procurar-se-á fazer uma recolha dupla de modo a organizar simultaneamente a colecção do Museu de Vilarinho e a do Museu de Etnologia do Ultramar.

Nessas condições, oferecemos a V. Ex.ª, com o nosso apoio moral, os nossos reduzidos préstimos. Conte V. Ex.ª com todo o nosso interesse pelo Museu de Vilarinho; ficamos o mais gostosamente possível às suas ordens, no que se refere a sugestões para a recolha e orientação a dar ao Museu, processos de conservação, catalogação e exposição, etc., e bem assim os conhecimentos que a prática nos ministrou de gravação e filmagens.

Não nos é possível assumir o compromisso de uma assistência permanente ou sequer mesmo regular a esse Museu. Como V. Ex.ª bem compreenderá, os decorrentes da vida do Centro de Estudos de Antropologia Cultural e Museu de Etnologia do Ultramar são extremamente absorventes, e o tempo não nos sobra para tarefas suplementares. Em todo o caso, pode V. Ex.ª informar a Fundação Gulbenkian da nossa concordância e adesão ao seu projecto, e de que estamos dispostos a prestar a V. Ex.ª o auxílio que lhe seja necessário e esteja dentro das nossas possibilidades de tempo e competência.

*Ficamos agora aguardando a primeira oportunidade, seja para contac-
tar de novo com V. Ex.ª e trocarmos impressões quanto ao programa de trabalhos a iniciar, seja mesmo para uma eventual próxima ida a Vilarinho. E,
com os meus melhores cumprimentos, creia-me,*

*de V. Ex.ª
muito atenciosamente
A Bem da Nação
O Director
a) Prof. Jorge Dias*

12.5. Correspondência com a Câmara Municipal de Terras de Bouro

— Dessa vastíssima correspondência salientamos

Câmara Municipal de Terras de Bouro

*Nossa referência
OB. 55/C.*

Terras de Bouro — 13.1.969

*Exmo. Sr.
Manuel de Azevedo Antunes
Torre d'Aguilha — Carcavelos*

*Com os meus respeitosos cumprimentos e de posse da sua carta de 28 de
Dezembro de 1968, eis-me a responder-lhe com viva satisfação e interesse ao
que nela se refere, mas antes quero afirmar-lhe o reconhecimento em meu
nome e da Câmara Municipal a que presido pela sua iniciativa digna de lou-
vor e para a qual poderá contar com o apoio deste Corpo Administrativo.*

*Para levar a bom termo tudo aquilo que esboçou e pensa realizar é, na
verdade necessário força de vontade, carinho e saber.*

*Creio que V. Ex.ª estará no bom caminho e não há dúvida que o plano
parece bem traçado.*

*No entanto, cumpre-me dar-lhe conhecimento que está previsto para
breve o início da construção do novo edifício para os Paços do Concelho, o
qual comportará uma sala-museu que, como poderá apreciar, vai de encontro à iniciativa em questão.*

*Penso que, provisoriamente, seria muito bom que a HJCA pusesse uma
sala para o fim em vista. Se lhe puder ser útil nesse sentido poderá V. Ex.ª
contar com a minha colaboração e, para tudo o mais poderá contar sempre
com a boa vontade desta Câmara Municipal.*

Com a maior consideração e reconhecimento e

*A bem da Nação
O Presidente da Câmara
a) Dr. Fernando Adelino Faria Ferreira*

O apoio prometido pela Câmara Municipal de Terras de Bouro traduziu-se, até agora, na compra de 25 quadros sobre Vilarinho, da autoria do mestre bracarense Luís de Campos; em desenvolver grande parte das diligências junto da *Companhia Portuguesa de Electricidade* (CPE), actual EDP; pagar o transporte dos objectos para o Museu, de Vilarinho para S. João do Campo, e todo o material fotográfico e magnético indispensável; escolher, de acordo com o parecer do Arq.º João Rosado Correia e meu, o local para a localização do Museu e Ponte do Couço; e encetar os contactos com o *Parque Nacional da Peneda-Gerês* para que este se responsabilizasse pela construção das instalações do Museu, juntamente com a CPE, mediante a indemnização que esta companhia teria de dar àquele Parque.

Dadas a indecisão do Parque Nacional da Peneda-Gerês e a indiferença da então CPE e actual EDP, a Câmara Municipal de Terras de Bouro, presidida pelo Dr. José António de Araújo, chamou a si a plena responsabilidae da construção do Museu, cujas obras foram iniciadas em 1981.

12.6 — Correspondência com o Parque Nacional da Peneda-Gerês

Câmara Municipal de Terras de Bouro

Exmo. Sr.
Eng.º Narciso Melo
Digm.º Administrador dos Serviços Florestais
Gerês

Of. 1421   4/9/1970

A Comissão Organizadora do MUSEU ETNOGRÁFICO DE VILARI-NHO DA FURNA, ao escolher como possível hipótese de localização ideal deste Museu o terreno anexo ao Hospital da CPE, junto ao Cruzeiro do Campo teve conhecimento de que já havia sido garantida aos Serviços Florestais por esta companhia a trasladação para esse mesmo local da Casa Florestal da Bouça da Mó. No entanto, parece à referida Comissão que as duas realizações são perfeitamente conciliáveis com grandes vantagens tanto para os Serviços Florestais como para o Museu. Para isso propomos que em vez da Casa Florestal da Bouça da Mó, praticamente irrecuperável, seja tranladado um conjunto de casas de Vilarinho da Furna, tal como já está projectado para as instalações do Museu, no qual ficariam também instalados os Serviços Florestais conforme a indicação das condições e projecto a combinar logo que possível entre esses Serviços Florestais e a Comissão Organizadora do Museu, cuja realização poderia ser facilmente orientada pelo arquitecto Rosado Correia que até ao momento tem dado toda a sua assistência às obras do Museu.

No que respeita à colaboração da CPE, que havia garantido aos Serviços Florestais a trasladação da Casa Florestal da Bouça da Mó para junto do Cruzeiro do Campo, segundo uma informação fornecida pessoalmente pelo Eng.º Carlos, da Administração da CPE, no Porto, no pp. dia 3, não há qualquer dificuldade em trasladar outras casas de Vilarinho que substituam a da Bouça da Mó desde que isso seja apresentado por escrito à CPE por V. Ex.ª e não traga aumento de encargos àquela companhia. Mas, no caso, por agora improvável, destes surgirem, a Câmara Municipal de Terras de Bouro desde já se compromete a custear esse mesmo excesso de encargos.

Certo do apoio de V. Ex.ª, desde já lhe agradeço toda a ajuda necessária para imediata execução da solução proposta, aproveitando a oportunidade para apresentar a V. Ex.ª os meus respeitosos cumprimentos,

Pela Comissão Organizadora
O Presidente da Câmara
a) Dr. Fernando Adelino Faria Ferreira

Fonte Gladys Novaes – ibid.

Muita outra foi a correspondência trocada com o Parque Nacional da Peneda-Gerês, nomedamente com o seu director de então e meu prezado amigo, neste momento já falecido, Eng.º Lagrifa Mendes, a quem eu aproveito para render as minhas respeitosas e saudosas homenagens. Pena foi que as posteriores Direcções do Parque da Peneda-Gerês não mais tenham prestado qualquer atenção ao assunto do Museu de Vilarinho. Da correspondência então trocada destaco algumas cartas que fazem o ponto da situação.

Braga, 20/2/71

Meu Amigo Manuel Antunes

Creio que deve sentir-se plenamente satisfeito com o final da primeira parte da campanha. Já temos as pedras a salvo, tanto dos edifícios como da ponte.

Tanto se batalhou, tantos influentes entraram em jogo que a coisa resultou!

Quanto a mim, isto era o mais difícil, pois, agora, com maior ou menor dificuldade, se conseguirá o restante.

Quase cheguei a desanimar, pois chegou a aventar-se a hipótese de aguardar para uma ulterior fase de esvaziamento em que seria então levantada a ponte... Tudo é difícil e para realizar algo nesta terra é necessário ânimo e perseverança infinitos.

Perdoe só agora vir junto de si prestar-lhe estas palavras. Espero que o meu amigo tenha sido informado da minha saúde e dos tremendos esforços que tenho sido obrigado a realizar.

Queira aceitar um grande abraço do amigo certo,

a) *Lagrifa Mendes*

Exmo. Sr.
Eng.º José Lagrifa Mendes
Digm.º Director do Parque Nacional da Peneda-Gerês
Av. Marechal Gomes da Costa, 590, 4.º
Braga

Como membro da Comissão Organizadora do Museu Etnográfico de Vilarinho da Furna, cumpre-me comunicar a V. Ex.ª que recebi há dias uma carta do presidente da Câmara Municipal de Terras de Bouro a pedir a minha opinião quanto à ideia de se contactar com V. Ex.ª, a fim de que o Museu venha a ser propriedade do Parque, mediante acordo a estabelecer.

Respondi-lhe que estava plenamente de acordo com a solução apontada, esperando que se iniciassem as respectivas démarches logo que possível.

Dado que há toda a urgência em estabelecer o referido acordo para que a CPE possa dar início à montagem dos conjuntos trazidos de Vilarinho, acabei agora mesmo de escrever novamente ao presidente da Câmara de Terras de Bouro, sugerindo três bases fundamentais para a efectivação desse acordo:

1) Que o Museu Etnográfico de Vilarinho da Furna, com as colecções e documentação a ele destinadas, fique a ser propriedade do Parque Nacional da Peneda-Gerês.

2) A Direcção do Museu será directamente assegurada por uma Comissão Directora, constituída pela actual Comissão Organizadora e pelo Director do Parque Nacional da Peneda-Gerês.

3) Os Estatutos a elaborar posteriormente precisarão, em pormenor, a forma concreta da orgânica e funcionamento do Museu.

Esperando que tudo isto seja do agrado de V. Ex.ª, e que faça o que estiver ao seu alcance para a sua rápida execução, subscrevo-me com os melhores cumprimentos,

ao dispor de V. Ex.ª
a) Manuel de Azevedo Antunes

Amigo Azevedo Antunes

Ainda ontem viajei casualmente ao lado do Sr. Presidente da Câmara, e embora a curta viagem de avião não desse para muito, lá abordei a questão do Museu.

Resumidamente pus a questão nestes termos: nada obsta a que o Parque Nacional fique a zelar pelo funcionamento do Museu, tanto mais quanto fi-cará a residir praticamente no mesmo edifício, um dos nossos guardas. Ha-verá, no entanto, que ter em mente que a CPE informou que essa constru-ção (só a parte do Museu) orça pelos 600 contos e não poderá o Parque Na-cional arcar com essa despesa.

Se para a construção do citado edifício pudessem entrar, em partes pro-porcionais, a CMTB, a CPE e o Parque Nacional, talvez eu me abalançasse a pôr o problema à Comissão Administrativa. Aliás, ainda recentemente havia solicitado, depois de uma conversa telefónica com o Arq.º Rosado Correia, que o comendador Santos da Cunha se interessasse junto da CPE por uma rápida resolução do assunto.

Recebida hoje a sua carta, pois creio que veio ao encontro dos meus de-sejos, anteriormente formulados.

Gostosamente lhe comunico que se encontra neste momento em Évora, no Palácio de D. Manuel, a nossa exposição, abrilhantada por algumas pe-ças do futuro Museu.

Queira aceitar os meus melhores cumprimentos.
Braga, 22 de Abril de 1972.

a) *José Lagrifa Mendes*

Porta do Parque Nacional sobranceira a Vilarinho

12.7 Correspondência com a Companhia Portuguesa de Electricidade (CPE)

Hidroeléctrica do Cávado
N.º 74/69

> *Exmo. Senhor*
> *Manuel de Azevedo Antunes*
> *Torre d'Aguilha*
> *Carcavelos*

Exmo. Senhor:

Em referência à prezada carta de V. Ex.ª de 29 de Janeiro pp., estou encarregado de esclarecer que o Sr. Prof. Jorge Dias já foi abordado pelo Sr. Arquitecto Octávio Lixa Filgueiras, professor da Escola Superior de Belas-Artes do Porto, com quem estamos em contacto directo.

Esta sociedade poderá interessar-se pelos assuntos etnográficos de Vilarinho da Furna na medida em que o Sr. Prof. Jorge Dias considerar culturalmente vantajoso.

Inútil dizer que se vê com muito apreço o interesse de V. Ex.ª pelo caso. Como estou encarregado dos contactos com o Sr. Arquitecto Lixa Filgueiras relativos ao assunto, gostaria, sem que isso signifique compromisso para a empresa, de ter com V. Ex.ª uma troca pessoal de impressões.

Presumindo que V. Ex.ª passará pelo Porto nas férias da Páscoa, fará o favor de me informar em que dia poderá dar-me o prazer de uma visita.

> *Com os respeitosos cumprimentos, subscrevo-me*

> *de V. Ex.ª*
> *muito atentamente*
> *a) Carlos da Silva Lopes*

Porto, 5 de Fevereiro de 1969

Câmara Municipal de Terras de Bouro

11 de Setembro de 1970

Exmo. Sr.
Administrador da CPE
Rua Sá da Bandeira, 567
Porto

    Estando a Comissão Organizadora do Museu Etnográfico de Vilarinho da Furna informada de que a CPE garantira à Direcção-Geral dos Serviços Florestais e Agrícolas a transferência da Casa Florestal da Bouça da Mó para junto do Cruzeiro do Campo, local este que fora também o escolhido como hipótese ideal para a localização do referido Museu, propôs ao administrador dos Serviços Florestais e ao director do Parque Nacional do Gerês que aquela Casa Florestal, praticamente irrecuperável, fosse substituída por um conjunto de prédios a transportar de Vilarinho da Furna que serviria simultaneamente para instalação do Museu e casa do guarda-florestal. Tendo tal proposta sido aceite pelos Serviços Florestais, nomeadamente Eng.º Melo e director do Parque Nacional do Gerês, que vêem nisso grande vantagem para os futuros serviços daquele Parque Nacional, venho rogar a V. Ex.ª que aceite também esta nossa sugestão ficando, pois, a trasladação dos já escolhidos prédios de Vilarinho a cargo da Companhia Portuguesa de Electricidade.

    Caso esta transferência acarrete à CPE qualquer aumento de encargos em relação aos previstos, a Câmara Municipal de Terras de Bouro desde já se compromete a custear esse aumento.

    Certo do bom acolhimento que tudo isto lhe vai merecer, aproveito a oportunidade para apresentar a V. Ex.ª os meus melhores cumprimentos.

A Bem da Nação
O Presidente da Câmara
a) Dr. Fernando Adelino Faria Ferreira

12.8 Outra correspondência sobre o Museu de Vilarinho

— Da correspondência com António Campos, realizador do filme *Vilarinho das Furnas*, saliento:

Estimado Amigo António Campos
Escola Industrial e Comercial   *Carcavelos, 2 de Julho de 1969*
Leiria

Faço votos para que as diligências por si empreendidas para a obtenção de um subsídio da Gulbenkian, destinado à realização do filme-documentário sobre Vilarinho da Furna, sejam bem sucedidas. A propósito, cumpre--me informá-lo que recebi há tempos uma carta daquela Fundação a perguntar se eu desistia, em seu favor, da minha pretensão inicial de realizar pessoalmente o filme. Respondi-lhe que sim, tal como havíamos combinado, com a única condição de ficar uma cópia gratuita no futuro Museu Etnográfico de Vilarinho.

Da Secretaria de Estado da Informação e Turismo, que a princípio me havia dado a entender que já estava mais ou menos comprometida a realizar o filme, também me informaram que, contrariamente ao que eu supunha, ainda nada havia sido decidido em definitivo e que o assunto continuava em estudo. Mas como não voltaram a comunicar mais nada, suponho que já terão desisitido.

Também, como brevemente partirei para Vilarinho a fim de lá passar algum tempo de férias, agradecia que, se desejar entrar em contacto comigo, me escreva para: Vilarinho — Campo — Terras de Bouro. Lá devo estar pelo menos a partir do dia 16 deste mês e lá aguardarei a sua chegada para a realização do filme, pondo-me desde já às suas ordens para tudo aquilo em que possa ser útil.

Com os mais respeitosos cumprimentos e um confiante «até breve», atenciosamente me subscrevo, ao seu inteiro dispor,

a) *Manuel de Azevedo Antunes*

Caro Amigo,   *Lisboa, 3.12.70*

Infelizmente, por muitas razões, o filme Vilarinho das Furnas *não está concluído e não estará creio, em fins de Dezembro corrente.*

O homem que monta o som é um bom profissional e como tal com muito que fazer e mais bem pago. Logo, Vilarinho *vai esperando. Tem sido muito aborrecido, até na medida em que a Fundação só me dará o resto do dinheiro quando o vir pronto, e as dívidas são muitas e os credores não gostam de esperar.*

Quanto ao material que recolhi em Vilarinho (som e slides) e o respectivo filme, não há dúvida que o local mais indicado para o conservar será no futuro Museu que, com a perspectiva do Parque Nacional da Peneda-Gerês, aumentará o seu valor.

Um abraço do amigo
a) *António Campos*

— Da múltipla correspondência e troca de impressões com o Arq? Rosado Correia, um outro grande entusiasta da construção do Museu de Vilarinho e autor do respectivo projecto, cumpre-me destacar:

Carcavelos, 27/11/70

Prezado Amigo Rosado Correia,

Após a nossa última conversa telefónica desta manhã, tenho a comunicar-lhe que já contactei com o presidente da Câmara de Terras de Bouro, o qual me disse que estava lá com ele naquele momento um senhor para combinarem a trasladação das casas que, pelos vistos, seria custeada pela Câmara.

Como o presidente achou que era impossível trazer os prédios todos previstos, por ficar demasiado caro, combinámos em trasladar apenas a «Casa do Trigo», «Casa d'Além», e «Casa do João Verdego», suprimindo as outras duas, tal como já há tempos tínhamos posto a hipótese.

Como eles devem começar os trabalhos por estes dias, agradecia que você, se possível, desse por lá uma chegada nos princípios do próximo mês para ver o andamento da obra e estudar as convenientes adaptações.

Veja se consegue também trazer um moinho, tal como estava proposto.

Sem mais, os meus sinceros agradecimentos e até uma próxima oportunidade.

Cumprimentos à família e um apertado abraço do amigo ao dispor

a) *Manuel Antunes*

Porto, 6/1/971

Estimado Amigo Manuel Antunes,

Aproveito para lhe falar sobre Vilarinho. Vou enviar-lhe a planta da aldeia para marcação a cores das águas que a atravessam, suas origens, destinos e usos.

Estive na CPE e fiz algumas démarches. Assim fiquei a saber que é preciso não pararmos com o projecto. Tem que se fazer enquanto continua o desmonte. Nas conversas que ficou de ter com o presidente da Câmara, Dr. Fernando Ferreira, que ficou assente? Logo que tenha os elementos sobre área e programa necessários dos Serviços Florestais, agradeço que mos envie.

O trabalho já vai adiantado. A rua principal e alguns conjuntos já estão feitos.

Se tiver a jeito, enviava-me fotografias sobre Vilarinho. Sempre podem completar os que possuo e tirarem as dúvidas. Enviá-los-ei uns dias após.

Queira aceitar um abraço deste seu amigo muito grato

a) *Rosado Correia*

12.9. Correspondência com S. Ex.ª Rev.ª, o Sr. Arcebispo de Braga,

a propósito da Capela de Vilarinho, num altura em que eram particularmente tensas as relações entre o povo, os párocos e o arcebispo, por quase toda a Arquidiocese de Braga.

24/8/1969

Vilarinho — Campo
Terras de Bouro

Exmo. e Rev.º Sr.
D. Francisco Maria da Silva
Digm.º Arcebispo Primaz das Espanhas
Paço Arquiepiscopal
Rua St.ª Margarida, 181
Braga

Excelência Reverendíssima,

Com os mais respeitosos cumprimentos, nós abaixo assinados, representantes do povo de Vilarinho de Furna, vimos por este meio e por intermédio de três nossos enviados especiais, os Srs. António Joaquim Gonçalves, José João Gonçalves Rodrigues e Manuel da Conceição Lourenço, solicitar a atenção de V. Ex.ª Revm.ª para um assunto de máxima importância referente aos lugares de culto existentes na nossa povoação.

Como é certamente do conhecimento de V. Ex.ª Revm.ª, está a nossa estimada terra condenada a desaparecer, dentro de poucos meses, submersa pelas águas de uma extensa albufeira destinada à produção de energia eléctrica. Antes, porém, de abandonarmos para sempre a nossa terra gostaríamos que fossem tomadas as devidas providências para a salvaguarda dos templos aqui existentes, de acordo com a nossa vontade expressa que, temos a certeza, não deixará de ser respeitada por V. Ex.ª Revm.ª É, pois, nesse sentido que ousamos neste momento manifestar a V. Ex.ª Revm.ª o nosso desejo unânime sobre o futuro dos templos construídos única e exclusivamente pelos nossos antepassados e por nós reparados, sem qualquer auxílio de alguém estranho à nossa povoação. Assim, desejamos e solicitamos a V. Ex.ª Revm.ª que:

1) O Calvário da Sr.ª da Conceição e a casa de arrumos anexa sejam trasladados com as imagens lá existentes para junto do futuro bairro de alguns dos nossos vizinhos que por aqui queiram ficar, possivelmente a construir num futuro mais ou menos próximo. Caso esse bairro não venha a ser construído, o local para o Calvário será ainda objecto de estudo, comprometendo-nos nós desde já a dar a nossa opinião sobre o assunto na devida altura.

2) O dinheiro em que a Capela for avaliada pela HICA seja posto a render num banco a fim de se poder fazer com o seu rendimento a tradicional

ficaria, em princípio, a cargo do pároco da freguesia conjuntamente com os membros da Fabriqueira Paroquial. Será isso um extraordinário motivo os membros da Fabriqueira Paroquial. Será isso um extraordinário motivo para, de novo, nos encontrarmos quando, de diversos recantos, aqui viéssemos em peregrinação nesse dia.

Esta, em síntese, a nossa última e unânime vontade *(não é demasiado repeti-lo e sublinhá-lo) acerca do que de mais querido temos entre nós: os templos e festividades que os nossos antepassados nos legaram que nós queremos a todo o custo salvaguardar da inevitável morte que surpreenderá a nossa terra dentro de pouco tempo. Por isso, lamentamos não poder concordar com o nosso pároco que, há tempos, sem nos pedir a nossa opinião, disse a alguns dos nossos vizinhos que* quer quiséssemos quer não, o dinheiro da capela seria empregue na cobertura das despesas da Igreja Paroquial, actualmente em obras, *pois quem mandava era ele. Supomos que tal atitude do nosso pároco está bem longe das exigências da eclesialidade transparecente do espírito e letra do Vaticano II, e, porque assim é, ousamos solicitar de V. Ex.ª Revm.ª a mercê de atender o nosso respeitoso pedido.*

Sumamente gratos e certos do bom acolhimento que tudo isto lhe vai merecer, nos subscrevemos com o maior respeito e consideração,

de V. Ex.ª Revm.ª
muito atentamente

Pelo Povo de Vilarinho
O Zelador
a) José Bento Lourenço

«OS SEIS»
a) António Lourenço Fecha
Domingos Lourenço Fecha
Manuel Joaquim Rodrigues
José Maria Rodrigues Trigo
Sebastião de Freitas

Carcavelos, 22 de Outubro de 1969

Prezados Conterrâneos Amigos,

Já soube por várias cartas que me chegaram às mãos nestes últimos dias que tivestes no passado dia 16 o encontro com o nosso pároco para debater o assunto da Capela. Felicito-vos sinceramente pela vossa persistência e coragem mostrada. Apesar de tudo, continuo cada vez mais convencido que é necessário levar as coisas a bem, evitando quanto possível o recurso ao tribunal. É de acordo com esta convicção, e tendo em conta diversas circunstâncias que passo a referir, que eu vos vou fazer uma proposta que me parece a mais sensata possível.

Começo por vos dar um esclarecimento tanto quanto possível objectivo da situação jurídica da Capela de Vilarinho, deixando no ar algumas interrogações para as quais não possuo resposta imediata por falta de elementos.

Ao abrigo de uma portaria governamental do século passado que isentava da administração das juntas de paróquia de então as capelas e ermidas pertencentes a particulares e aquelas de cuja conservação e decência cuidavam os moradores de determinados lugares da Paróquia, a Capela de Vilarinho dependeria, quanto à administração, dos habitantes de Vilarinho. Com a lei da separação de 20/4/1911 as referidas juntas deixaram de exercer as funções de fabriqueiras que passaram a ser confiadas às corporações culturais. Posteriormente foram criadas as Corporações Fabriqueiras nas dioceses portuguesas, que, na Arquidiocese de Braga vieram a ser substituídas para todos os efeitos pela Fábrica da Igreja Paroquial após haver sido feita a devida participação das associações, corporações e institutos canonicamente erectos, ao governador civil que, conforme o disposto no art.º 59 do Decreto-Lei n.º 30615, de 25 de Julho de 1940, é autoridade competente a que se refere o art.º 3.º da Concordata.

Perante isso eu pergunto: a Capela de Vilarinho que, na prática, sempre esteve independente da Fabriqueira, ou de qualquer outra pessoa moral equivalente, também manteve essa isenção jurídica?

Para poder responder afirmativamente haveria que encontrar um documento escrito, comprovativo da sua erecção, de cuja existência eu duvido neste momento. Entretanto, farei todo o possível por arranjar alguém de confiança em Braga que investigue o caso no arquivo diocesano. Mas antes gostaria de saber se alguém de vós teve notícia de tal documento, pois, se não houver probabilidades da sua existência, quase nem vale a pena perder tempo em tal investigação.

Além desta dificuldade de ordem jurídica, que eu acho que deve ser tida em conta para um recurso ao tribunal, existem outras de não menos importância. A primeira é o facto de nem todos estarem absolutamente de acordo visto que alguns, embora poucos, preferem ser agradáveis ao pároco... E a dificuldade acentua-se na medida em que ainda tendes uma certa obrigação de contribuir para as obras da Igreja no caso de o dinheiro não vir de outro lado. Acrescente-se também o facto de alguns de Vilarinho possivelmente ficarem na freguesia de S. João do Campo. E o que me parece ainda mais importante é que mesmo que houvesse todas as probabilidades de ganhar a questão em tribunal vós seríeis os mais prejudicados, pois ainda ficaria bastante cara e nunca tiraríeis proveito algum do rendimento do capital depositado.

Estas são as razões pelas quais eu penso, atendendo acima de tudo ao vosso interesse objectivo, que a hipótese de recurso ao tribunal deve ser posta de lado ou, pelo menos, ficar para último lugar. Por isso, eu propunha-vos que, mais uma vez, fossem três vossos representantes (sugiro-vos, para não sobrecarregar sempre os mesmos, o meu pai e os Srs. Serafim Pinto, António Fecha, se eles aceitarem) falar pessoalmente com o Sr. Arcebispo (e não com qualquer outro seu representante) e lhe expuésseis de novo o caso tal como é e creio estar expresso na carta que lhe é endereçada. A propó-

*sito desssa carta, agradecia que, após a sua leitura na «Junta» fosse conve-
nientemente assinada pelo Zelador e pelos «Seis», no caso de concordares
com ela e não haver correcções a fazer. Na hipótese de ser necessário corri-
gir alguma coisa gostaria que ma devolvesseis o mais rápido possível para
ser corrigida.* Como podeis ver, em tal carta, parecem-me estar suficiente-
mente expressos os motivos da posição da gente de Vilarinho. *Gostaria que
vós pensásseis e* insistísseis bem neles. *Essa carta termina por um convite ao
Sr. Arcebispo para um encontro entre alguns vossos representantes e o nosso pároco, se for do agrado do Sr. Arcebispo, na sua presença. Não sei se
vós concordais com a proposta, mas eu pessoalmente acho que isso seria
conveniente. Certamente que o Sr. Arcebispo não deixará de atender as vos-
sas reclamações até porque tem essa obrigação moral.*

*Quanto ao montante do dinheiro a pôr em depósito, acho que fazeis
bem em* insistir o mais possível *para que sejam depositados os 190 000$00.
No entanto, se depois de todas as insistências não chegardes a acordo, penso que poderíeis ceder 40 000$00 (ficando, portanto, 150 000$00 para depó-
sitos equivalentes aquilo que proporcionalmente o Lugar de Vilarinho deve-
ria pagar para as despesas da reparação da Igreja, ficando, pelo que me dizem, 30 000$00 para ser pagos pela gente do Campo. Creio que nestas con-
dições podereis entrar em negociações e espero que não seja difícil uma vez
que o pároco já cedia 120 000$00 para depositá-lo. No entanto, notai bem,
esta proposta deve ser a última e, para já, seria bom nem falar dela a nin-
guém.*

*No caso de o Sr. Arcebispo não atender convenientemente os vossos de-
sejos há ainda a possibilidade de apelar para Roma, mas de cujo apelo não
vos posso garantir absoluta eficiência.*

*Com os meus respeitosos cumprimentos e a máxima consideração e esti-
ma, atenciosamente me subscrevo,*

ao dispor de todos vós
a) *Manuel de Azevedo Antunes*

Vilarinho — Campo
Terras de Bouro

Exmo. e Revm.º Sr.
D. Francisco Maria da Silva
Digm.º Arcebispo Primaz das Espanhas
Paço Arquiepiscopal
Rua St.ª Margarida, 181
Braga

Excelência Reverendíssima

*Mais uma vez, movidos pela premência das circunstâncias nesta hora di-
fícil da nossa existência em que tudo parece voltar-se contra nós que estamos prestes a abandonar a nossa terra, vimos com os nossos mais respeito-*

sos cumprimentos pedir a V. Ex.ª Revm.ª uma resposta definitiva acerca do problema da Capela de Vilarinho da Furna que já tivemos a oportunidade de expor a V. Ex.ª Revm.ª por carta de 24 de Agosto do corrente ano de que foram portadores os nosso três enviados especiais, os Srs. António Joaquim Gonçalves, José João Gonçalves Rodrigues e Manuel da Conceição Lourenço.

Segundo nos contaram esses três nossos vizinhos que tiveram a honra de ser atendidos pelo então Digm.º Bispo Auxiliar, D. António Ribeiro, S. Ex.ª Revm.ª deu-nos plena razão ao mesmo tempo que nos aconselhara, dentro do mais perfeito espírito cristão, a desculparmos as palavras ofensivas que o nosso pároco havia proferido contra nós. Dera ainda uma sugestão que todos nós achamos muito válida: ampliar o Calvário da Sr.ª da Conceição, quando este for trasladado, a fim de ter espaço suficiente para as celebrações litúrgicas.

Tudo parecia encaminhar-se da melhor maneira e esperávamos sinceramente que o nosso pároco, não obstante as mútuas incompreensões havidas, concordasse em respeitar a nossa opinião, aliás uma das últimas vontades deste povo unido que está prestes a dispersar sabe Deus para onde. Todavia, logo nos dois domingos posteriores à sua chegada da Alemanha (dia 31 de Agosto e 7 de Setembro, respectivamente), o Rev.º P.ª Manuel Ribeiro Alves referiu-se durante a missa (momento que achamos bastante inoportuno para o fazer) à nossa ida junto do nosso Pastor, de uma maneira bastante injuriosa para todos nós, habitantes de Vilarinho. No domingo seguinte, dia 14 de Setembro, após uma séria e animada discussão pública, que bem se poderia evitar se não fosse a teimosia do nosso pároco, este concordou com o convite que lhe fizeram alguns homens de Vilarinho para vir à povoação a fim de tratarmos seriamente do assunto. Nesse dia tudo terminou em bem, perdoando-se as ofensas mútuas e tendo-nos prometido o nosso pároco que estava disposto a respeitar a nossa vontade. Aliás, como ele nos dissera, já várias pessoas lhe haviam oferecido dinheiro para as despesas da Igreja que ele ainda não aceitara porque estava a estudar a melhor solução...

Foi no passado dia 16 de Outubro que o Rev.º P.ª Manuel Ribeiro Alves veio a Vilarinho para conversar connosco. Houve um debate sério, como aliás era de prever, visto o nosso pároco não querer aceitar a nossa proposta: colocar num banco os 190 000$00 em que está avaliada a Capela para com o seu rendimento fazer anualmente a festa da Imaculada Conceição. Por nosso lado, embora estejamos prestes a debandar, estaríamos dispostos a contribuir voluntariamente, se necessário, para as obras em curso na Igreja Paroquial, apesar de não haver sido pedido o nosso parecer sobre o plano da reparação da Igreja.

O nosso pároco timbrou, porém, em defender que as tais despesas haviam de ser cobertas, pelo menos, com metade do dinheiro da Capela, sendo os outros 95 000$00 postos a render para fazer a festa da Sr.ª da Conceição. Depois, perante a nossa constante discordância, elevou a quantia a pôr em depósito para 100 e, finalmente, para 120 contos. No entanto, a nossa posição manteve-se inalterável por motivos mais que justificados. Na verda-

de, não compreendemos a teimosia do P.ᵉ Manuel Ribeiro Alves em querer a toda a força, sem apresentar motivos convincentes, que as obras de reparação da Igreja sejam completamente pagas com o dinheiro da Capela de Vilarinho, feita e conservada sempre única e exclusivamente por nós e pelos nossos antepassados sem qualquer auxílio de alguém estranho à nossa povoação nem tão-pouco depender do pároco ou da Fabriqueira Paroquial para a mínima reparação ou administração. Qual o secreto interesse que poderá ter o nosso pároco que, segundo diz, vai deixar esta freguesia no próximo ano, em dispensar os outros moradores do lugar vizinho de contribuir para as despesas da reparação da Igreja quando eles vão ser os únicos beneficiados com tal reparação? Será apenas por ter dito há meses numa das missas na Igreja Paroquial, em tom bastante insultuoso para alguns dos habitantes de S. João do Campo a quem chegou a tratar por ladrões, que não pensava bater á sua porta para pedir dinheiro para a Igreja?!...

Francamente, são perguntas para que ainda não encontramos uma resposta, não obstante o Rev.º P.ᵉ Manuel Ribeiro Alves insistir em que o único motivo da sua posição é querer aliviar-nos de um contributo pessoal neste momento difícil da nossa existência. Oxalá seja essa a sua verdadeira intenção, mas, se assim é, parece-nos que a primeira coisa que ele devia fazer era ver se nós queríamos contribuir voluntariamente ou não. E, no caso de nós nos furtarmos a um contributo voluntário, então, sim, poderia talvez propor o aproveitamento de parte do dinheiro da Capela, mas apenas o correspondente ao lugar de Vilarinho, pois os habitantes do Campo, como paroquianos que são, também estão obrigados a dar o seu contributo. Isto não obstante o nosso pároco afirmar que a gente do Campo ainda ficará muito sacrificada com as reparações da residência que pensa fazer, coisa que nos parece totalmente descabida uma vez que, se a nossa freguesia esteve anexa até agora, com muita mais razão o estará daqui para o futuro. Aliás, se ainda hoje não existe dinheiro mais que suficiente para reparar e até fazer uma Igreja nova, se necessário, foi única e exclusivamente devido aos habitantes do Campo que, com razão ou sem ela, rejeitaram a proposta feita pela HICA (Hidroeléctrica do Cávado, SARL) que se prontificava a reparar os caminhos, instalar a electricidade na aldeia, reparar a Igreja e ampliar o cemitério, em troca dos baldios necessários à construção da barragem. E tal dinheiro, devido a um desentendimento havido entre os moradores do lugar do Campo, foi posto em Caixa de onde um dia há-de sair certamente para benefício exclusivo desses mesmos moradores. Além disso, já por várias vezes fomos insultados por alguns habitantes do Campo que, com um espírito nada cristão, nos disseram que mais uma vez haviam de calcar aos pés a gente de Vilarinho.

Estes os motivos por que nos mantemos fiéis à nossa proposta inicial. Aliás, o rendimento de 190 000$00 em que a Capela está avaliada, se atendermos à desvalorização progressiva da moeda que se está a verificar, já bem pouco é para cobrir as despesas da reparação dos dois imóveis (Calvário e casa de arrumos anexa) e da festa em honra da Imaculada Conceição a que nós queremos vir anualmente em peregrinação.

Desculpe, Sr. Arcebispo, a maçada que porventura lhe viemos dar com esta questão que muito nos faz sofrer. A nossa atitude é acima de tudo um sinal de que continuamos a confiar em V. Ex.ª Revm.ª como nosso querido Pastor que é. Esperamos não ser confundidos, pois sabemos em quem depositamos a nossa confiança.

Certos do bom acolhimento que tudo isto lhe vai merecer e propondo ainda, se for do seu agrado, um encontro de alguns nossos representantes com o nosso pároco na presença de V. Ex.ª Revm.ª, ficamos com toda a consideração e estima, aguardando a amabilidade de uma resposta,

ao dispor de V. Ex.ª Revm.ª
Vilarinho da Furna, 2 de Novembro de 1969.

Pelo POVO DE VILARINHO
(seguem-se as assinaturas do Zelador e de «Os Seis»)

— Em resposta à carta anterior, o Povo de Vilarinho receberia estoutra da Cúria Arquiepiscopal:

Cúria Arquiepiscopal
Rua de Santa Margarida, 181
Telef. 22081
Braga

Ilm.º e Exm.º Senhor
José Bento Lourenço
Vilarinho — Campo
Terras de Bouro

Exmo. Senhor

Com os meus respeitosos cumprimentos, cumpre-me comunicar a V. Ex.ª que no processo «Autos em que a Corporação Fabriqueira de Campo, Terras de Bouro, pede que o dinheiro a receber da HICA pela expropriação da Capela de Nossa Senhora da Conceição, dum oratório e duma casa anexa, sitas no lugar de Vilarinho da Furna, da referida freguesia, seja aplicado na restauração da igreja paroquial e na construção do salão paroquial», foi exarado o seguinte despacho:

«Autorizamos a Corporação Fabriqueira da freguesia de Campo, arciprestado de Terras de Bouro, a receber os cento e noventa mil escudos —

190 000$00 — que depositará na Caixa-Geral de Depósitos até que seja autorizada a levantar total ou parcialmente essa quantia para obras devidamente autorizadas na Igreja Paroquial e salão paroquial, ficando com a responsabilidade de anualmente fazer a festa de N.ª Sr.ª da Conceição, com missa e sermão, e conservar o oratório e casa.

Braga, 20 de Dezembro de 1969.
    Con. Carlos Pinheiro, Pró-Vig. Geral
Braga, 29 de Dezembro de 1969.

            O Notário, P.ᵉ José Eduardo Gomes Lopes Pereira

Vilarinho — Campo
Terras de Bouro

        Exmo. e Revm.º Sr.
        D. Francisco Maria da Silva
        Digm.º Arcebispo Primaz das Espanhas
        Paço Arquiepiscopal
        Rua St.ª Margarida, 181
        Braga

Excelência Reverendíssima,

    Na sequência do que já tivemos oportunidade de dizer oralmente ao Revm.º Sr. Vigário Geral por intermédio dos nossos enviados Srs. Manuel António Antunes e Manuel António Antunes de Oliveira, vimos agora por este meio comunicar também a V. Ex.ª Revm.ª que nos deixou totalmente descontentes a solução adoptada pela Cúria Arquiepiscopal acerca do destino a dar ao dinheiro em que foi avaliada a Capela de Vilarinho da Furna e de que tivemos conhecimento por carta de 29 de Dezembro de 1969.
    Na verdade, parece-nos impossível que a Cúria Arquiepiscopal tenha tomado tal decisão prescidindo em absoluto das nossas reclamações e legítimos desejos justamente fundamentados no facto da Corporação Fabriqueira de S. João do Campo nunca haver cumprido os deveres que lhe incumbiam referentes à administração e conservação da mencionada Capela. Além disso, lamentamos que essa decisão tenha sido tomada sem que nos houvesse sido possibilitado um encontro prévio com V. Ex.ª Revm.ª, tal como havíamos sugerido e nos fora garantido pelo Revm.º Sr. Vigário Geral. Por tudo isto, pedimos a V. Ex.ª Revm.ª que seja novamente considerada a questão e, na impossibilidade de todo o dinheiro em que a Capela está avaliada vir a ser depositado para que com o seu rendimento se possa reparar o Calvário e casa anexa e fazer a festa anual em honra de N.ª Sr.ª da Conceição, ousamos desde já fazer uma outra proposta:
    — Que a Capela seja trasladada juntamente com o Calvário e casa de arrumos anexa para junto do futuro bairro de algumas famílias de Vilarinho que, segundo quase todas as probabilidades, vai ser brevemente construído. Caso, por motivos imprevisíveis, tal bairro não venha a concretizar-se, o local para a transferência será ainda objecto de estudo.

Esta proposta não tem nada de inédito, pois é o que normalmente se costuma fazer em casos semelhantes, como, por exemplo, aconteceu no Vilar da Veiga e, por isso, supomos que a actual Companhia Portuguesa de Electricidade não porá dificuldade em fazer essa trasladação em vez de dar os 190 000$00 em que a Capela está avaliada. Seria até uma óptima oportunidade para a Corporação Fabriqueira de S. João do Campo exercer plenamente daqui para o futuro os seus direitos e deveres sobre os templos de Vilarinho da Furna de que esteve esquecida até fins do ano transacto. E, se a generosidade dessa mesma Corporação Fabriqueira a levar a assumir o compromisso de fazer anualmente a festa em honra de N.ª Sr.ª da Conceição, ainda que só seja com missa e sermão, cremos que ela terá reparado suficientemente todos os aborrecimentos e canseiras que nos causou até ao momento e que bem poderiam ter sido evitados. No caso da Corporação Fabriqueira não assumir esse compromisso, nós mesmos, os habitantes de Vilarinho, nos responsabilizaremos por fazer essa festa na medida da nossa devoção e possibilidade.

Mais uma vez, oxalá não seja a última, confiantes no nosso Pastor, atenta e reconhecidamente nos subscrevemos com os mais respeitosos cumprimentos,

ao dispor de V. Ex.ª Revm.ª

Vilarinho da Furna, 30 de Março de 1970.

Pelo Povo de Vilarinho
(seguem-se as assinaturas do Zelador e de «Os Seis»)

N.B. Apesar de todas as diligências, baldados foram os esforços dos habitantes de Vilarinho para ver satisfeita a sua última vontade sobre os destinos da Capela que os seus antepassados haviam construido e eles tinham conservado, pois tudo se fez de acordo com a determinação anterior da Cúria Arquiepiscopal. — M. A.

A capela em questão

13. REQUIEM POR VILARINHO DA FURNA

A ameaça que pairava sobre Vilarinho transformou-se num espectro de morte. A companhia construtora da barragem chegou, montou os seus arraiais e meteu mãos à obra.

Esta surge progressiva e implacavelmente.

Chega o momento da fuga, e não há tempo a perder...

Cada um procura levar consigo tudo o que pode... Os telhados desaparecem de dia para dia. Apenas ficam as paredes nuas...

A própria imagem do crucificado é transportada para a aldeia vizinha para nunca mais voltar a Vilarinho.

Apenas restam as paredes nuas

Os turistas levam os seus carros até à aldeia, pela primeira e última vez, através de um estradão que os próprios moradores tiveram que fazer.

Os artistas fixam na tela as últimas recordações... E a própria companhia construtora da barragem acabou por andar atarefada com o transporte da ponte e de algumas casas para a construção de um Museu Etnográfico consagrado a Vilarinho da Furna.

Vilarinho é agora um monte de ruínas. Da vida e recantos da aldeia comunitária não resta mais que um sonho...

Amortalhada num espesso manto de neve, Vilarinho está pronta para ser coberta pelo mortífero lençol de água...

Os seus habitantes estão agora dispersos pelas mais variadas terras dos concelhos de Braga, Viana do Castelo, Ponte de Barca, Barcelos, Vieira do Minho, Terras de Bouro, etc., onde encontraram novas gentes, novos costumes.

Que a morte tenha sido o princípio de uma vida nova para

OS DESENRAIZADOS DE VILARINHO DA FURNA!...

Os artistas fixam as últimas recordações

Aqui jaz Vilarinho da Furna

ALGUMA BIBLIOGRAFIA
e outros trabalhos sobre VILARINHO DA FURNA

ANTUNES, Manuel de Azevedo — *Os Desenraizados de Vilarinho da Furna — Um Povo em Mutação Cultural,* comunicação ao Congresso Luso-Espanhol para o Progresso da Ciência, Cadiz, 1974.

— *Vilarinho da Furna — Uma Aldeia Comunitária Condenada à Morte,* in «A VOZ DE TERRAS DE BOURO», Nov. 68/Jan. 69.

— *Vilarinho da Furna — A aldeia que já só vive no celulóide,* ibid., Março/Abril 1971.

— *Vilarinho da Furna — Uma Aldeia Deserta,* ibid., Maio de 1971.

— *Os Pontos nos «ii»,* ibid. Julho/Agosto 1971.

— *A Propósito do Museu Etnográfico de Vilarinho da Furna,* in COMÉRCIO DO PORTO, Setembro de 1971.

— *Genealogia do Povo de Vilarinho da Furna: 1625-1970,* (inédito)

— *Sistema de Parentesco em Vilarinho da Furna* (inédito). As principais conclusões são aqui apresentadas.

— *As Águas de Rega e Aproveitamento do Espaço em Vilarinho da Furna* (em preparação).

CAMPOS, António — Filme *Vilarinho das Furnas,* 1971.

CAMPOS, Luís de — *Vilarinho da Furna — Terra Prestes a Morrer,* colecção de 25 desenhos a lápis, 1970.

CPE — *Vilarinho da Furna — Aproveitamento Hidroeléctrico da Companhia Portuguesa de Electricidade* — CPE - SARL, Maio 1972.

CAPELLA, M. Martins — *Milliarios do Conventus Bracaraugustanus em Portugal,* Porto, 1895.

CORREIA, João Rosado — *Vilarinho da Furna — Paisagem em Transformação,* Tese de Licenciatura, Escola de Belas-Artes do Porto, 1971 (inédita).

CRUZ, João Machado — *Estudo sobre os grupos sanguíneos do Povo de Vilarinho da Furna.* (Desconheço o título exacto deste trabalho e outras referências bibliográficas).

DIAS, Jorge — *Vilarinho da Furna — Uma Aldeia Comunitária,* Instituto para a Alta Cultura, Porto, 1948.

— *As Casarotas da Serra Amarela (construções megalíticas com uma inscrição,* in «Trabalhos de Antropologia e Etnologia», Vol. XI, Fas. 1-2, p. 189 s., Porto, 1942.

NOVAES, Gladys — *Vilarinho da Furna – De Aldeia a Albufeira,* Universidade Técnica de Lisboa, Instituto Superior de Ciências Sociais e Política Ultramarina, 1973 — Tese de Licenciatura, inédita.

OLIVEIRA, Ernesto Veiga de; Fernando GALHANO; Benjamim PEREIRA — *Construções Primitivas em Portugal,* Instituto para Alta Cultura, Lisboa, 1969.

SILVA, Domingos M. — *Entre Homem e Cávado — Amares e Terras de Bouro,* 3 Volumes, 1958.

SOUSA, Tude M. de — *Gerês* (Notas Etnográficas, Arqueológicas e Históricas), Coimbra, 1927.

— *Regimen Pastoril dos Povos da Serra do Gerez,* in Portugália, Tomo II, fasc. 3.º (1907) e fasc. 4.º (1908).

— *Serra do Gerês, Estudos, Aspectos e Paisagens,* Porto, 1909.

TORGA, Miguel — *Diário.*

ÍNDICE

ERRATA

Página	Linha	Onde está	Deve estar
8		Falta assinalar a localização de Vilarinho no Mapa de Portugal.	
12	16	vaires	vales
12	20	casas	cabras
14	25	macabro mesmo	macabro, mesmo
35	29	pois neolocal	pois, neolocal

37   QUADRO N.º 1 (cont.)

CHEFES DE FAMÍLIA	FILHOS SOLTEIROS	FILHOS CASADOS	ASCEN-DENTES	TIPO DE FAMÍLIA
Avelino Martins Canedas	—	—	—	nuclear
Albertina da Quelha Tejo	1	1	—	composta
José Bento Lourenço Fecha	1	—	—	nuclear
António de Azevedo Barroso	2	—	—	nuclear
Serafim Gonçalves Neves	2	—	1	nuclear
António Lourenço d'Outeiro	—	—	—	isolado
Manuel Esteves Barroso	5	—	—	nuclear
Claudino Rodriges Barroso	2	—	1	nuclear
Maria Pires de Araújo	1	—	—	nuclear
João Afonso	2	—	1	nuclear
Maria das Dores de A. Barroso	—	—	—	isolada
João Antunes de Oliveira	—	—	—	nuclear
Maria Gonçalves	1	—	—	nuclear

43	3	"sangue" de	"sangue" e de
48 ,52		Os Mapas n.º 3 e 5 estão por ordem inversa	
59	2	9.1.1	9.1
59	26	em Outubro	e Outubro
63	46	p. 69,	p. 66,
65	3	transparência	transferência
65	22	exôdo	éxodo
65	45	p. 69	p. 66
66	21	J.N.E.	I.N.E.
73	23, 24	Bruno	Bouro
75	7	da salvaguardar	de salvaguardar
85	23	Aquilha	Aguilha
87	31	HJCA	HICA
98	41	tradicional	tradicional festa anual em honra da Sr.ª da Conceição, no dia 8 de Dezembro. Tal festa

www.ingramcontent.com/pod-product-compliance
Lightning Source LLC
Chambersburg PA
CBHW060414290526
45791CB00002B/740